PLATOS EXPRÉS

175 DELICIOSAS RECETAS LISTAS EN 30 MINUTOS O MENOS

PLATOS EXPRÉS

175 DELICIOSAS RECETAS LISTAS EN 30 MINUTOS O MENOS

LIZ FRANKLIN

BLUME

BLUME

Título original: *Express Meals*
Edición: Grace Cheetham, Nicola Graimes
Diseña: Manisha Patel, Gail Jones
Fotografía por encargo: Toby Scott
Estilista culinario: Kate Blinman
Estilista de atrezzo: Clare Hunt
Traducción: Eva María Cantenys Félez
Revisión de la edición en lengua española:
Ana María Pérez Martínez, Especialista en temas culinarios
Coordinación de la edición en lengua española:
Cristina Rodríguez Fischer

Primera edición en lengua española 2013

© 2013 Naturart, S.A. Editado por Blume
Av. Mare de Déu de Lorda, 20
08034 Barcelona
Tel. 93 205 40 00 Fax 93 205 14 41
e-mail: info@blume.net
© 2012 Duncan Baird Publishers, Londres
© 2012 del texto Liz Franklin

I.S.B.N.: 978-84-15317-29-6

Impreso en China

Nota de la editora

Si bien hemos puesto el máximo cuidado al recopilar las recetas que
componen este libro, Duncan Baird Publishers, o cualquier otra persona
que haya participado en la realización de esta obra, declinan toda
responsabilidad por cualquier error u omisión, involuntarios o no, que
pueda haber en las recetas o en el texto, y por cualquier problema que
pudiera derivarse de la preparación de las recetas o de la puesta en
práctica de los consejos contenidos en esta obra. Si está embarazada
o en período de lactancia, o tiene unos requerimientos dietéticos o unas
condiciones médicas especiales, es importante que consulte a un
profesional de la medicina antes de preparar cualquiera de las recetas
que aparecen en este libro. Las personas enfermas o de edad
avanzada, los bebés y los niños, así como las mujeres embarazadas o
en período de lactancia deberían evitar las recetas que contengan
huevos poco cocinados.

Agradecimientos

Deseo expresar mi más sincero agradecimiento a Grace Cheetham,
Nicola Graimes y al equipo de Duncan Baird Publishers por haber
hecho posible que *Platos exprés* se haya convertido en un libro tan
hermoso; y a Toby Scott, Kate Blinman y Clare Hunt por unas fotografías
tan bellas. Asimismo, deseo expresar mi más profundo agradecimiento
a mis estupendos padres y a mis tres hijos, Chris, Oli y Tim, por su
afecto, su apoyo y su estímulo en todo lo que emprendo.

Notas sobre las recetas

Salvo si se indica lo contrario:
Todas las recetas son para 4 personas.
Para preparar las recetas se han utilizado frutas, verduras y huevos
de tamaño mediano, e ingredientes frescos, incluidas las hierbas
1 cucharadita = 5 ml; 1 cucharada = 15 ml; 1 taza = 250 ml

CONTENIDO

INTRODUCCIÓN

Para la mayoría de nosotros, el tiempo es algo de lo que nunca andamos sobrados. Estamos tan inmersos en el ajetreo de nuestras atareadas vidas que la cocina a menudo es una opción de último recurso, ya que es tentador comprar una comida para llevar o un plato precocinado que solo necesita calentarse en el microondas. Pero la preparación de una comida rápida y nutritiva no necesita mucho tiempo ni ser algo complicado, y puede ser tan divertido como saludable.

La colección de recetas de *Platos exprés* le mostrará cómo crear una comida desde cero utilizando ingredientes frescos en unos pocos minutos. Es posible cocinar algo muy bueno en el mismo tiempo que tardaría en ir a buscar una comida para llevar o en calentar un plato precocinado; y no solo es factible, sino que además es una experiencia del todo gratificante.

Podrá preparar desde una sencilla cena hasta un fabuloso festín para sus amigos. Sentarse a la mesa juntos, comiendo, charlando, escuchando, riendo y reencontrándose con los amigos es algo que no tiene precio. Las tensiones y el estrés de un día ajetreado disminuyen, a la par que la emoción por una buena noticia aumenta, cuando nos sentamos a la mesa para compartir una estupenda comida en buena compañía.

ACERCA DE LAS RECETAS

Una de las características más importantes de este libro es que las recetas son comidas completas, puesto que contienen todos los componentes necesarios para una comida o una cena bien equilibrada. Esto significa que cada receta incluye una guarnición, tanto si se trata de pasta, arroz, patatas o legumbres como simplemente de pan crujiente o acompañamientos como hortalizas o ensaladas. Y lo que es más, cada una de las recetas se prepara desde cero hasta el emplatado en muy poco tiempo (de 5 a 30 minutos).

Entre las recetas incluidas en *Platos exprés*, inspiradas en tradiciones gastronómicas de todo el mundo, seguro que encontrará una que le abra el apetito. En la actualidad se puede encontrar una mayor y más amplia variedad de ingredientes que nunca, por lo que es posible preparar un fragante salmón especiado en sopa *miso* con fideos, una enchilada con fríjoles y crema de aguacate mexicano, o unas pechugas de pollo al horno con tomate y mascarpone, por ejemplo, fácilmente y en un instante. Además, al tomar las riendas de lo que come se asegurará de que las comidas sean frescas y nutritivas en lugar de contener un exceso de sal, azúcar y aditivos indeseados. Cuanto más conscientes seamos del placer y de la satisfacción que podemos experimentar y la estupenda comida que podemos preparar con tan solo dedicar un poco de tiempo a la cocina, tanto más entusiasmo sentiremos por el arte de cocinar y tanta más confianza adquiriremos en su práctica. Es por ello que me he propuesto recopilar un gran número de fabulosas recetas, muy sencillas de preparar, con ingredientes simples y fáciles de encontrar, tanto si lo que desea es improvisar un bocado rápido después del trabajo como si está pensando en preparar algo especial.

Aquí no encontrará caldos hervidos durante horas a fuego lento, salsas complicadas ni listas interminables de ingredientes. Cuando el tiempo escasea, nadie quiere pasarse horas en el supermercado buscando ingredientes difíciles de encontrar. Aquí hallará ensaladas sustanciosas, apetitosos platos de carne y pescado, así como opciones para vegetarianos a los que los amantes de un buen filete no podrán resistirse. Y, además, he añadido algunos consejos que le ayudarán a que el tiempo que pase en la cocina sea una experiencia gratificante y lo menos estresante posible.

INGREDIENTES BÁSICOS EN LA DESPENSA

Si dispone de muy poco tiempo para cocinar, una despensa bien provista es un verdadero tesoro. Cólmela con los ingredientes que utiliza habitualmente, ya que eso le facilitará la vida y hará que sus platos sean más variados. Es el momento de deshacerse de esos envases y paquetes medio llenos comprados hace años, de esas hierbas y especias que han superado tan ampliamente su fecha de caducidad que ya hace tiempo que han perdido todo su aroma, y de esos tarros que adquirió para unas recetas que preparó solo una vez y que ahora tienen un aspecto nada apetecible.

Lo ideal sería considerar la despensa como una parte importante de la cocina: conviértala en una reserva de ingredientes indispensables con los que siempre pueda contar. De modo que, si su despensa parece salida de *La tierra olvidada por el tiempo*, deshágase de todo y empiece desde cero.

Abastézcala con ingredientes prácticos que le permitan preparar una y otra vez los platos que le gusta comer. Ingredientes básicos como los tomates en conserva, las legumbres envasadas, la pasta, el arroz, las lentejas, los cereales de cocción rápida, los fideos, los botes de puré de tomate, las pastas picantes para preparar curry, un pequeño surtido de hierbas y especias de uso cotidiano, y, por supuesto, esos dos condimentos esenciales en toda cocina como son la sal y la pimienta son absolutamente indispensables.

Tenga siempre a mano aceite de oliva virgen extra. Lo ideal sería utilizar un aceite de oliva de mezcla para cocinar y uno de oliva virgen para aderezar la carne, el pescado y las verduras, además de para preparar aliños para ensaladas, e incluso para servir como salsa acompañando a hortalizas y panes en un sencillo entrante para la cena.

Merece la pena tener siempre a mano una botella de vinagre balsámico, otra de vinagre de vino blanco y una tercera de vinagre de vino tinto.

Los tarros de aceitunas, de pimientos rojos asados, de corazones de alcachofa, de alcaparras y de anchoas son ideales para añadir un toque adicional a todo tipo de platos.

Asimismo, para cenas de estilo asiático son imprescindibles ingredientes como el aceite de sésamo y las salsas de soja, pescado y de chile dulce.

Con un poco de organización y de planificación, dispondrá de los fundamentos básicos para preparar platos rápidos y sabrosos.

COMPRA INTELIGENTE

Nuestro acelerado estilo de vida conlleva que la mayoría de nosotros necesitemos ir de compras de la forma más expeditiva y que nos ahorre más tiempo. Para la mayoría de nosotros, esto significa hacer la compra en grandes centros de alimentación y supermercados, aunque no siempre es posible escaparse para ir de compras en pleno ajetreo un día muy atareado. ¿Y a quién le apetece ir a comprar a toda prisa al final de una larga y agotadora jornada de trabajo?

Comprar en internet nos ahorra tiempo y es muy útil cuando se trata de artículos al por mayor o duraderos, aunque es muy fácil caer en la monotonía y volvernos repetitivos en nuestros hábitos de compra. Por otro lado, la elección de las frutas y las hortalizas frescas, de la carne y del pescado es preferible hacerla en persona, y en ocasiones es más rápido ir a comprar a una carnicería, una verdulería o una pescadería del barrio, si tiene la suerte de contar con ellas. También es una buena idea aprovechar los establecimientos de alimentación que tenga cerca o incluso encargar la entrega a domicilio de cajas de frutas y hortalizas frescas. Hasta las personas más ocupadas pueden sacar tiempo para plantar unas semillas en un tiesto en el alféizar de la ventana de la cocina con el fin de tener a mano hierbas aromáticas frescas, ya que no lleva tanto tiempo como pudiera parecer, y, además, es barato y divertido.

A la hora de comer bien en poco tiempo, conviene estar en sintonía con las estaciones del año cuando compre frutas y hortalizas frescas. De este modo, se ahorrará dinero, a la vez que se asegurará de que las comidas sean lo más nutritivas y sabrosas posible. Y lo que es más, cuando compra productos frescos sueltos se hace innecesario el uso de envases. También hay que tener en cuenta que los platos precocinados y los productos envasados a menudo contienen aditivos indeseados, muchos de los cuales están relacionados con problemas de salud. Si compra productos de calidad y prepara la comida usted mismo, tendrá un mayor control sobre lo que come, aparte de que el momento en sí de la comida –o de la cena– volverá a ser especial, en lugar de reducirse a un mero trámite cuyo único propósito es llenar el estómago.

Si dispone de poco tiempo para cocinar, tiene todo el sentido adquirir los mejores productos en su establecimiento habitual, sea cual sea. Cuando compre filetes de pescado, por ejemplo, tanto si es en una pescadería como en un supermercado, pida que se los fileteen, si lo precisa, aparte de que les quiten las vísceras, la espina dorsal y las escamas.

En la carnicería pida que le limpien la carne y le quiten la grasa y los huesos innecesarios, si lo precisa. Un establecimiento que se precie estará encantado de ofrecer un buen servicio.

SEA VERSÁTIL

No tema sustituir ingredientes cuando prepare las recetas que aparecen en este libro. Si no puede conseguir algunos de los que se especifican en la receta, o desea cambiarlos por uno favorito, considere las características del plato y del método de cocción en lugar de seguirla punto por punto. De este modo, podrá ajustar y adaptar la receta para adecuarla a sus preferencias.

Si se sugiere un acompañamiento, no es necesario que lo siga al pie de la letra, en especial cuando se trata de ingredientes sencillos como variedades de pan, de ensalada o de hortalizas. Solo son sugerencias y siempre es preferible que siga sus preferencias personales y utilice lo que tenga a mano. Escoja ingredientes que sean buenos acompañamientos en cuanto a textura y sabor, aunque también deberá tener en cuenta los tiempos de cocción: no tendría sentido planear servir unas patatas asadas como acompañamiento de una receta que tarda solo 10 minutos en prepararse. Cuanto más cocine, tanto más expertos se volverán su paladar y sus técnicas culinarias, y tanto más le guiará su intuición.

PREPARE LOS INGREDIENTES DE ANTEMANO

Si es novato en cuestiones culinarias, puede que al principio la preparación de algunas de las recetas le lleve más tiempo, pero relájese, disfrute y confíe en su habilidad para preparar platos deliciosos y sabrosos: seguro que pronto cocinará con más rapidez.

Con independencia de su habilidad, la consigna para el cocinero atareado es, sin duda, «prepare los ingredientes de antemano». Una de las principales causas de los retrasos (y de la frustración) cuando se cocina es descubrir, cuando estamos a mitad de la preparación de un plato, que no disponemos de todos los ingredientes que necesitamos. Rebuscar por los estantes de la cocina o revolver la nevera en busca de un ingrediente esencial para acabar descubriendo que no lo tenemos es algo que todos hemos experimentado alguna vez, pero no ayuda nada a crear un ambiente de sosiego y armonía en la cocina.

Por todo ello, planifique los platos de antemano, decida lo que va a cocinar con antelación, léase toda la receta antes de empezar, y tenga a mano todos los ingredientes y los utensilios que vaya a necesitar. Una buena organización es el cincuenta por ciento del éxito de una receta.

Por último, solo me queda animarle a que disfrute cocinando y deleitándose con la comida a su manera con las recetas que encontrará a continuación tanto como yo he disfrutado preparándolas y describiéndolas. ¡Pronto descubrirá que menos tiempo no significa necesariamente menos apetitoso o menos sabroso!

AUNQUE PUEDA PARECER QUE CINCO MINUTOS NO SON SUFICIENTES PARA PREPARAR Y COCINAR UN PLATO, SIN DUDA ES PERFECTAMENTE FACTIBLE. SI UTILIZA INGREDIENTES PRÁCTICOS QUE AYUDAN A AHORRAR TIEMPO, COMO PESCADO AHUMADO, CORTES DE CARNE ESPECÍFICOS Y PASTA FRESCA, ES POSIBLE PREPARAR UNA AMPLIA VARIEDAD DE APETITOSOS PLATOS, COMO BISTECS AL MINUTO CON SALSA DE QUESO AZUL Y TALLARINES CON SALMÓN AHUMADO.

PLATOS LISTOS EN CINCO MINUTOS

ENSALADA DE POLLO AHUMADO, AGUACATE Y NUECES

El pollo ahumado añade un toque deliciosamente diferente a esta ensalada, aunque puede utilizar pollo asado frío como alternativa.

4 pechugas de pollo ahumado cocidas, peladas, deshuesadas y cortadas en tiras • 4 puñados grandes de hojas de rúcula • 2 aguacates maduros, deshuesados y cortados en lonchas • 2 puñados de nueces partidas por la mitad
ALIÑO: 6 cucharadas de aceite de oliva virgen extra • 2 cucharadas de vinagre de vino tinto • 1 cucharadita de mostaza en grano • Una pizca de azúcar • Sal y pimienta negra

PARA SERVIR: pan crujiente

1 Ponga el pollo en un cuenco grande para ensalada. Añada las hojas de rúcula y el aguacate, y a continuación esparza las nueces por encima.
2 Ponga todos los ingredientes del aliño en un tarro con tapón de rosca, salpimiente ligeramente, y a continuación agite bien hasta que el aliño se haya emulsionado. Vierta la cantidad suficiente de aliño por encima de la ensalada de modo que quede ligeramente cubierta y, a continuación, revuélvala bien. Sírvala acompañada con rebanadas de pan crujiente.

SOPA DE POLLO CON FIDEOS

La pasta *tom yum* tailandesa, que se puede encontrar en supermercados y en tiendas de comida oriental de calidad, es un condimento versátil para sopas y otros platos tailandeses. Ajuste la cantidad adaptándola a sus preferencias personales, empezando con solo una cucharadita de pasta y añadiendo más al gusto para no excederse.

1,5 litros de caldo de pollo • 1-2 cucharaditas de pasta *tom yum*, o al gusto • 200 g de pechuga de pollo cocida, pelada y deshuesada, cortada en tiras • 300 g de fideos Singapur precocidos especiales para wok • 200 g de tirabeques • 6 cebollas tiernas picadas

1 Vierta el caldo en una cacerola grande y añada, removiendo, la pasta *tom yum*. Lleve a ebullición y, a continuación, baje el fuego y agregue el pollo y los fideos. Cueza la sopa a fuego lento durante 2 minutos, removiendo de vez en cuando para separar los fideos.
2 Incorpore los tirabeques y las cebollas a la cacerola, y, a continuación, deje cocer la sopa durante 1 minuto antes de servirla.

ENSALADA DE ESPINACAS, JAMÓN Y HUEVO FRITO

El sabor salado del jamón crujiente combina muy bien con las espinacas y los tomates secados al sol, que junto con el huevo frito con la yema líquida colocado encima, convierten a este plato en una comida tan rápida de preparar como sustanciosa. Compre los tomates secados al sol conservados en aceite en la sección de *delicatessen* del supermercado o en una buena tienda de productos *gourmet*.

3 cucharadas de aceite de oliva • 4 huevos grandes • 8 lonchas de jamón serrano • 4 puñados grandes de hojas de espinacas mini • 300 g de setas silvestres variadas en aceite de oliva y escurridas • 8 tomates secados o semisecados al sol en aceite de oliva, escurridos y cortados en trozos • 1-2 cucharaditas de vinagre balsámico • Sal y pimienta negra

PARA SERVIR: baguette

1 Caliente el aceite de oliva en una sartén antiadherente grande a fuego medio. Fría los huevos durante 3-4 minutos, hasta que la clara cuaje pero la yema se mantenga líquida.
2 Mientras tanto, caliente una sartén antiadherente o una plancha a fuego alto. Fría el jamón sin aceite durante 1-2 minutos, dándole la vuelta una vez, hasta que se dore y esté crujiente.
3 Mientras tanto, ponga las espinacas en un cuenco grande para ensalada. Añada las setas, los tomates secados al sol y el vinagre balsámico. Salpimiente y, a continuación, remueva bien para que se mezcle.
4 Coloque un huevo frito y una loncha de jamón encima de cada porción de ensalada, y acompañe con unas rebanadas de baguette.

ENSALADA DE HOJAS VERDES, JAMÓN Y PECORINO

El sabor salado del jamón serrano y la textura desmenuzada del queso pecorino combinan magníficamente con el sabor dulce y ácido del vinagre balsámico y el picante de las hojas de ensalada. Utilice su jamón serrano favorito para preparar esta receta.

4 puñados grandes de hojas de ensalada variadas (incluyendo hojas de espinaca, rúcula y berro, a ser posible) • 12 lonchas de jamón serrano, cortadas en trozos • 125 g de queso pecorino curado
ALIÑO: 6 cucharadas de aceite de oliva virgen extra • 2 cucharadas de vinagre balsámico • Sal y pimienta negra

PARA SERVIR: palitos de pan

1 Ponga las hojas de ensalada en un cuenco para servir y coloque encima el jamón. Con un pelador de hortalizas, corte el queso pecorino en virutas e incorpórelas al cuenco.
2 Para preparar el aliño, en un cuenco mezcle, removiendo, el aceite de oliva y el vinagre balsámico, y salpimiente.
3 Vierta la cantidad suficiente de aliño sobre las hojas de ensalada para que queden cubiertas ligeramente y, a continuación, remuévalas bien. Sirva la ensalada acompañada con palitos de pan.

BOCADITOS DE MORTADELA CALIENTES

Estos bocaditos saben mejor cuando se sirven calientes, ya que de este modo la grasa de la mortadela se derrite en el pan, que queda esponjoso y gustoso. A los amantes de la comida especiada les encantarán con un chorrito de aceite de guindilla rociado por encima.

4 panes chapata pequeños cortados por la mitad • 8 lonchas de mortadela • 150 g de pimientos asados en aceite de oliva, escurridos y cortados en trozos • 1 puñado pequeño de berros • Zumo de limón o aceite de guindilla para aderezar (opcional)

PARA SERVIR: ensalada de hojas variadas

1 Precaliente el grill del horno a temperatura alta.
2 Ponga las mitades de pan chapata bajo el grill con el lado de la corteza hacia arriba durante 1-2 minutos, hasta que se tuesten ligeramente. Deles la vuelta y tuéstelas por el otro lado durante otro minuto.
3 Coloque la mortadela, los pimientos asados y los berros sobre la mitad de cada pan chapata, y a continuación rocíe por encima con un chorrito de zumo de limón o de aceite de guindilla, si ha decidido añadirlo. Coloque encima la otra mitad de cada pan y sirva acompañado de una ensalada de hojas variadas.

PIZZAS DE PAN PITA AL SALAMI GRATINADAS

Estas pizzas son una estupenda comida improvisada, rápida y sustanciosa.

6 cucharadas de puré de tomate o salsa de tomate de calidad • ½ cucharadita de orégano seco • 4 panes pita redondos • 200 g de queso mozzarella, escurrido y cortado en trozos • 12 lonchas de salami • 1 cucharada de aceite de oliva virgen extra • 1 puñado pequeño de hojas tiernas de acelga • Sal y pimienta negra

PARA SERVIR: ensalada de hojas variadas

1 Precaliente el grill del horno a temperatura alta.
2 Mientras tanto, en un cuenco mezcle el puré de tomate con el orégano. Vierta la salsa por encima de los panes pita y extiéndala de modo uniforme, dejando el borde libre. Coloque encima el salami y la mozzarella, y, a continuación, salpimiente.
3 Rocíe con un chorrito de aceite de oliva cada una de las pizzas y gratínelas bajo el grill durante 2 minutos, hasta que el queso se derrita. Esparza las hojas tiernas de acelga sobre las pizzas y sírvalas de inmediato acompañadas de una ensalada de hojas variadas.

ENSALADA DE BRESAOLA Y ALCACHOFAS

La bresaola es una especialidad italiana elaborada con carne magra de buey curada de una forma muy particular, que la transforma en una carne deliciosa con muy poca grasa. Tanto el *speck* como el jamón serrano son unas buenas alternativas.

16 lonchas de bresaola • 350 g de corazones de alcachofa en aceite de oliva, escurridos • 100 g de parmesano • 1 limón cortado en cuartos finos • 2 cucharadas de aceite de oliva virgen extra • 1 cucharada de hojas de perejil picadas (opcional) • Pimienta negra

PARA SERVIR: *focaccia* de tomates secados al sol y olivas

1 Disponga las lonchas de bresaola en una fuente para servir y coloque encima los corazones de alcachofa. Con un pelador de hortalizas, corte el parmesano en virutas y espárzalas por encima.
2 Rocíe con un chorrito de 1-2 cuartos de limón, al gusto. Disponga los cuartos de limón restantes alrededor de la fuente. Rocíe con el aceite de oliva y sazone con pimienta. Esparza por encima el perejil picado, si ha decidido añadirlo, antes de servir la ensalada acompañada de unas rebanadas de *focaccia*.

BISTECS AL MINUTO CON SALSA DE QUESO AZUL >

Esta rica y cremosa salsa de queso azul está lista en un instante y combina a la perfección con un bistec tierno. Puede utilizar otros tipos de queso azul, si lo desea.

150 g de gorgonzola desmenuzado • 4 cucharadas de vino blanco seco • 3-4 ramitas pequeñas de tomillo • 4 bistecs pequeños • 1 cucharada de aceite de oliva • Sal y pimienta negra

PARA SERVIR: ensalada de berros y pan de nueces

1 Para preparar la salsa, ponga el gorgonzola, el vino y las ramitas de tomillo en un cazo. Cueza a fuego medio durante 2-3 minutos, removiendo con regularidad, hasta que el gorgonzola se derrita y la salsa adquiera una consistencia homogénea, fina y cremosa. Salpimiente.
2 Mientras tanto, ponga una plancha al fuego hasta que esté muy caliente. Pincele los bistecs con el aceite de oliva, salpimiéntelos y áselos a la plancha durante 1 minuto por cada lado.
3 Vierta la salsa por encima de los bistecs y sírvalos de inmediato acompañados de una ensalada de berros y unas rebanadas de pan de nueces.

ENSALADA DE ALUBIAS Y ATÚN

El mejor atún para esta receta es el conservado en aceite de oliva, pero para un sabor óptimo utilice filetes de atún de calidad suprema conservados en aceite de oliva virgen extra.

4 puñados grandes de hojas de ensalada variadas • 400 g de filetes de atún conservados en aceite de oliva virgen extra, escurridos y desmenuzados en pedazos grandes • 400 g de alubias blancas en conserva, escurridas y enjuagadas • 1 tomate grande maduro, sin semillas y cortado en trozos irregulares • 1 cebolla pequeña picada • 1 puñado pequeño de hojas de perejil picadas • 4 cucharadas de aceite de oliva virgen extra • El zumo de ½ limón, al gusto • Sal y pimienta negra

PARA SERVIR: chapata de aceitunas

1 Ponga las hojas de ensalada en un cuenco para servir. Añada el atún, las alubias, el tomate, la cebolla y el perejil.

2 En un cuenco, mezcle el aceite de oliva y el zumo de limón y, a continuación, vierta la mezcla por encima de la ensalada. Salpimiente, y remueva con cuidado hasta que se haya mezclado bien. Sirva la ensalada acompañada de unas rebanadas de chapata de aceitunas.

< CARPACCIO DE ATÚN CON ALIÑO DE ALCAPARRAS

Cuanto más frío esté el atún, más fácil será cortarlo en lonchas finas como el papel. O pida que se lo corten en la pescadería.

6 cucharadas de aceite de oliva virgen extra • 1 puñado de alcaparras en salmuera, escurridas y enjuagadas • 300 g de lomo entero de atún especial para sushi, muy frío y cortado en lonchas muy finas • El zumo de ½ limón • 4 puñados de hojas de rúcula

PARA SERVIR: cuartos de limón y pan integral

1 Ponga una sartén antiadherente pequeña al fuego con 2 cucharadas del aceite de oliva hasta que esté muy caliente. Añada las alcaparras y fríalas durante unos 30 segundos, hasta que se esponjen. Retire las alcaparras de la sartén y deje que escurran el aceite sobre papel de cocina.

2 Mientras tanto, disponga las lonchas de atún en 4 platos para servir.

3 Ponga las alcaparras en un cuenco y agregue, removiendo, el aceite de oliva restante y el resto del zumo de limón hasta que se hayan mezclado. Vierta el aliño sobre el atún.

4 Coloque un puñado de hojas de rúcula y un cuarto de limón sobre cada porción de carpaccio. Sírvalo acompañado de unas rebanadas de pan.

TALLARINES CON SALMÓN AHUMADO

Este plato se puede convertir en una elegante cena, y la brevedad de su preparación y de su tiempo de cocción le deja mucho tiempo para pasarlo con sus invitados.

500 g de tallarines al huevo frescos • 100 ml de crema de leche espesa • La ralladura de 1 limón • 1 cucharada de cebollino picado • 250 g de salmón ahumado en trozos • Sal y pimienta negra

PARA SERVIR: ensalada de hojas tiernas de espinaca

1 Lleve a ebullición agua salada en una cacerola grande y cueza los tallarines durante 2 minutos o hasta que estén *al dente*.
2 Mientras tanto, ponga en una cacerola grande la crema con la ralladura de limón y el cebollino picado, a fuego suave durante 1 minuto o hasta que se haya calentado. Salpimiente.
3 Con una pinza para pasta, retire la pasta cocida del agua de cocción e incorpórela a la cacerola con la mezcla de crema caliente. Añada el salmón y remueva bien. Sirva los tallarines inmediatamente, acompañados de una ensalada de hojas tiernas de espinaca.

ENSALADA DE TRUCHA AHUMADA, TIRABEQUES Y AGUACATE

Esta ensalada, repleta de sabor y rebosante de vitaminas y de grasas beneficiosas, es en una cena tan sana como rápida de preparar.

8 filetes de trucha ahumada pelados y desmenuzados en pedazos grandes • 2 puñados de tirabeques • 2 aguacates maduros, deshuesados y cortados en lonchas finas • El zumo de 1 lima • 4 cucharadas de aceite de aguacate • Pimienta negra recién molida

PARA SERVIR: pan de semillas

1 Ponga la trucha, los tirabeques y el aguacate en un cuenco para servir.
2 Añada el zumo de lima y rocíe por encima con el aceite de aguacate. Sazone con pimienta y, a continuación, remueva con cuidado hasta que se haya mezclado. Sirva la ensalada acompañada con unas rebanadas de pan de semillas.

ENSALADA DE VIEIRAS SOASADAS Y BROTES DE GUISANTES

Para esta original ensalada, utilice vieiras frescas compradas en una pescadería de confianza, ya que las congeladas suelen contener demasiada agua y tienden a encoger cuando se cocinan.

4 cucharadas de aceite de oliva virgen extra
• 12 vieiras frescas • ½ cucharadita de pasta de jengibre • ½ cucharadita de azúcar blanquilla
• Una pizca de guindilla seca en copos • El zumo de 1 lima • 4 puñados de brotes de guisantes
• 1 puñado de tirabeques • Sal marina gorda

PARA SERVIR: cuartos de lima y baguette

1 Caliente 1 cucharada de aceite de oliva en una plancha a fuego fuerte. Sazone las vieiras con una pizca de sal y soáselas durante 1 minuto por cada lado.
2 En un cuenco, mezcle la pasta de jengibre, el azúcar, los copos de guindilla y el zumo de lima junto con el aceite de oliva restante.
3 Ponga los brotes de guisantes y los tirabeques en un cuenco grande, vierta el aliño por encima y remueva bien. Sirva las vieiras inmediatamente acompañadas de la ensalada, unos cuartos de lima y unas rebanadas de baguette.

CALAMARES CON SAL, GUINDILLA Y LIMA

Esta receta sencilla y sabrosa se convierte en una estupenda comida ligera se sirve con una ensalada mixta de hojas y hierbas aromáticas. Como alternativa, también resulta deliciosa acompañada de una ensalada de verduritas crujientes al estilo asiático.

12 calamares de tamaño mediano, limpios y cortados en trozos de 5 cm, con los tentáculos separados y reservados • 2-3 cucharadas de aceite de oliva • ½ cucharadita de guindilla seca en copos, o al gusto • 2 cebollas tiernas finamente picadas
• El zumo de 1 lima • 1 cucharadita de hojas de cilantro picadas • Sal y pimienta negra

PARA SERVIR: cuartos de lima, ensalada de hojas variadas y hierbas aromáticas, y pan crujiente

1 Haga una incisión superficial en forma de rombo en la carne de cada uno de los trozos de calamar.
2 Caliente a fuego fuerte el aceite de oliva en un wok o en una sartén antiadherente grande. Saltee los trozos de calamar con los tentáculos durante 1 minuto. Añada los copos de guindilla y las cebollas, y, a continuación, sofría durante otro minuto, hasta que la carne del calamar se vuelva opaca.
3 Agregue el zumo de lima y salpimente. Espolvoree el cilantro picado sobre los calamares, y sírvalos acompañados de unos cuartos de lima, una ensalada variada de hojas y hierbas, y pan crujiente.

LANGOSTINOS AL AJILLO CON ALUBIAS

Esta receta constituye un plato principal sabroso y sustancioso, para cuya preparación solo deben calentarse un poco el aliño de tomate y ajo.

1 tomate grande maduro, sin semillas y cortado en trozos irregulares • 4 cucharadas de aceite de oliva virgen extra • 2 dientes de ajo picados • 450 g de langostinos tigre cocidos y pelados • 400 g de alubias blancas en conserva, escurridas y enjuagadas • 1 puñado de hojas de perejil picadas • Sal y pimienta negra

PARA SERVIR: ensalada de rúcula y pan crujiente

1 Ponga el tomate, el aceite de oliva y el ajo en un cazo antiadherente, y cueza a fuego suave durante 1 minuto, removiendo de vez en cuando, hasta que se haya calentado.
2 Ponga los langostinos en un cuenco para servir y añada las alubias.
3 Vierta el aliño caliente sobre los langostinos y las alubias, salpimiente, agregue el perejil picado y remueva hasta que se haya mezclado. Sirva los langostinos acompañados de una ensalada de rúcula y unas rebanadas de pan crujiente.

PASTA DE FIDEOS CON CANGREJO >

Esta receta de pasta con cangrejo es rápida, delicada y muy especial; constituye una estupenda comida, ¡y se prepara en solo 5 minutos!

450 g de fideos finos frescos • 2 cucharadas de aceite de oliva virgen extra • La ralladura de 1 limón • 450 g de carne de cangrejo fresca cocida • 1 cucharada de hojas de perejil picadas • Sal y pimienta negra

PARA SERVIR: cuartos de limón y ensalada de hojas variadas

1 Lleve a ebullición agua con sal en una cacerola grande y cueza la pasta durante 2 minutos o hasta que esté *al dente*, y, a continuación, escúrrala.
2 Mientras tanto, mezcle en un cuenco el aceite de oliva y la ralladura de limón.
3 Vierta el aceite al limón por encima de la pasta y añada el cangrejo y el perejil picado. Remueva con cuidado hasta que se haya mezclado y, a continuación, salpimiente. Sirva la pasta acompañada de unos cuartos de lima y una ensalada de hojas variadas.

< SALTEADO DE LANGOSTINOS CON TRES GUISANTES

Encontrará fácilmente esos prácticos tarros de pasta de jengibre ya preparada en la mayoría de supermercados de comida oriental.

300 g de fideos de arroz finos especiales para wok • 2 cucharadas de aceite de girasol • 4 cebollas tiernas picadas gruesas • 4 puñados de tirabeques • 2 puñados grandes de brotes de guisantes • 200 g de guisantes tiernos congelados • 400 g de langostinos cocidos, pelados, conservando la cola • 2 cucharaditas de pasta de jengibre • 2 cucharaditas de miel líquida • El zumo de 1 lima • 1 puñado de hojas de cilantro

PARA SERVIR: cuartos de lima

1 Ponga los fideos en un cuenco refractario y cúbralos con agua hirviendo. Remueva y déjelos en el cuenco tapados durante 3 minutos, hasta que se ablanden.
2 Mientras tanto, caliente el aceite de girasol en un wok a fuego fuerte. Saltee las cebollas con los tirabeques, los brotes de guisantes y los guisantes tiernos durante 2 minutos.
3 Añada los langostinos y, a continuación, agregue, removiendo, la pasta de jengibre, la miel y el zumo de lima. Saltee un minuto, hasta que se haya calentado.
4 Escurra los fideos, incorpórelos al wok junto con el cilantro y remueva hasta que se haya mezclado. Sirva el salteado acompañado de unos cuartos de lima.

LANGOSTINOS ESPECIADOS CON TOMATES

Los tomatitos en conserva son indispensables en la despensa, y constituyen uno de mis ingredientes favoritos para preparar todo tipo de sabrosos platos.

1 cucharada de aceite de oliva • 1 diente de ajo picado • 1 cucharadita de semillas de hinojo • 400 g de tomatitos en conserva, escurridos • ½ cucharadita de azúcar blanquilla • 450 g de langostinos tigre, cocidos y pelados • 200 g de queso feta desmenuzado • Sal y pimienta negra

PARA SERVIR: ensalada verde y panes pita

1 Caliente a fuego medio el aceite de oliva en una sartén antiadherente grande. Fría el ajo junto con las semillas de hinojo durante 30 segundos.
2 Añada los tomatitos y el azúcar, salpimiente y, a continuación, sofría durante 2 minutos, removiendo de vez en cuando, hasta que los tomatitos empiecen a ablandarse y se rompan.
3 Agregue, removiendo, los langostinos y el feta, y, a continuación, saltee otro minuto, hasta que se haya calentado. Sirva los langostinos acompañados de una ensalada verde y unos panes pita.

ENSALADA DE MOZZARELLA, TOMATE Y RÚCULA

El secreto que hace que esta ensalada sea un éxito reside en la calidad de la mozzarella y del aceite de oliva: utilice mozzarella de leche de búfala y un buen aceite de oliva virgen extra afrutado, y el resultado será deliciosamente irresistible y exquisito.

4 tomates grandes maduros cortados en rodajas finas • 400 g de mozzarella de búfala, escurrida y cortada en pedazos • 4 puñados de hojas de rúcula • 3-4 cucharadas de aceite de oliva virgen extra afrutado • Sal y pimienta negra

PARA SERVIR: *focaccia*

1 Coloque los tomates en una fuente para servir grande, sobreponiendo ligeramente las rodajas. Disponga los pedazos de mozzarella y las hojas de rúcula de forma atractiva sobre los tomates.
2 Rocíe el aceite de oliva por encima y salpimiente. Sirva la ensalada acompañada de unas rebanadas de *focaccia*.

ENSALADA DE HIGOS Y MOZZARELLA CON ALIÑO TEMPLADO DE *VINCOTTO* >

Los higos frescos y la mozzarella forman una combinación sublime, especialmente si utiliza la exquisita variedad de búfala. Encontrará vinagre *vincotto* en tiendas de productos gourmet, pero si le resultara difícil, el vinagre balsámico es una buena alternativa.

6 higos maduros, pero firmes, cortados en cuartos • 400 g de mozzarella de búfala, escurrida y cortada en pedazos • 2 puñados grandes de hojas de rúcula • 4 cucharadas de aceite de oliva virgen extra • 1-2 cucharadas de vinagre *vincotto* o balsámico • 1 puñado pequeño de ramitas de albahaca roja y de perejil • Sal y pimienta negra

PARA SERVIR: chapata de aceitunas

1 Disponga los higos en una fuente para servir y coloque encima los pedazos de mozzarella. Esparza la rúcula sobre la ensalada.
2 En un cazo, caliente el aceite de oliva junto con el vinagre *vincotto* a fuego suave. Salpimiente.
3 Rocíe el aliño caliente por encima de la ensalada, y esparza la albahaca y el perejil por encima. Sirva la ensalada acompañada con unas rebanadas de chapata de aceitunas.

TOSTAS DE QUESO DE CABRA CON *RELISH* DE ARÁNDANOS ROJOS

El queso de cabra, gratinado hasta que se derrita, combina particularmente bien con este *relish* ácido y afrutado de arándanos rojos.

12 rebanadas de baguette • 500 g de queso de cabra cortado en 12 lonchas • 2 cucharadas de aceite de oliva virgen extra • Pimienta negra
RELISH DE ARÁNDANOS ROJOS: 250 ml de salsa de arándanos rojos • 1 cebolla morada pequeña finamente picada • El zumo y la cáscara finamente rallada de 1 naranja pequeña, a ser posible una sanguina

PARA SERVIR: ensalada de hojas de espinaca, rúcula y berro

1 Precaliente el grill del horno a temperatura alta.
2 Ponga las rebanadas de baguette bajo el grill por un lado durante 1-2 minutos, hasta que se tuesten ligeramente. Coloque una rodaja de queso de cabra encima del lado sin tostar. Rocíe con un chorrito de aceite de oliva y sazone con pimienta. Gratine bajo el grill durante 2 minutos o hasta que el queso se derrita un poco.
3 Mientras tanto, ponga la salsa de arándanos rojos en un cuenco y añada, removiendo, la cebolla junto con el zumo y la ralladura de naranja.
4 Coloque 3 tostas de queso de cabra en cada plato para servir y vierta la salsa alrededor. Sirva las tostas acompañadas de una ensalada de hojas de espinaca, rúcula y berro.

HALLOUMI FRITO CON SALSA DE TOMATE EXPRÉS

El queso halloumi parece hecho expresamente para este plato, pero si su queso preferido aguanta bien la sartén, entonces sustitúyalo. El quesero artesano al que voy elabora un queso exquisito, aderezado con guindilla, que está delicioso cuando se sirve de esta forma.

3 cucharadas de aceite de oliva virgen extra • 3 dientes de ajo cortados en trozos • 400 g de tomates cereza cortados por la mitad • Un chorrito de vino blanco seco o de agua • 8 hojas pequeñas de albahaca • 500 g de queso halloumi secado y cortado en 12 lonchas • Sal y pimienta negra

PARA SERVIR: ensalada de hojas variadas y pan crujiente

1 Caliente a fuego fuerte el aceite de oliva en una sartén antiadherente grande o en un wok. Fría los tomates con el ajo durante 3 minutos, aplastándolos con el dorso de un tenedor de vez en cuando.
2 Añada el vino y la albahaca, salpimiente, y continúe salteando durante otro minuto.
3 Mientras tanto, caliente una plancha o una sartén antiadherente grande a fuego fuerte. Fría las lonchas de queso halloumi durante 1 minuto por cada lado, hasta que se ablanden y se doren un poco.
4 Sirva el queso halloumi directamente de la sartén con la salsa al lado, acompañado con una ensalada de hojas variadas y unas rebanadas de pan crujiente.

ENSALADA DE ENDIBIAS, QUESO AZUL Y NUECES

La combinación del sabor salado del queso azul con el ligero amargor de las endibias y la cremosidad de las nueces es absolutamente divina. El gorgonzola es mi queso preferido para esta ensalada, pero puede sustituirlo por su queso azul favorito.

2 cogollos de endibia, limpios y con las hojas separadas • 300 g de queso azul de sabor fuerte, como el gorgonzola, el roquefort o el stilton, desmenuzado • 2 puñados de nueces partidas por la mitad
ALIÑO: 5 cucharadas de aceite de oliva virgen extra • 2 cucharadas de vinagre de vino blanco • 1 cucharadita de azúcar blanquilla • Sal y pimienta negra

PARA SERVIR: baguette

1 Disponga las endibias en una fuente para servir. Esparza el queso azul y las nueces por encima.
2 Ponga todos los ingredientes para el aliño en un tarro con tapón de rosca, salpimiente y agite hasta que se hayan emulsionado. Rocíe la ensalada con el aliño, sazone con pimienta al gusto, y sírvala inmediatamente acompañada de unas rebanadas de baguette.

BRUSCHETTA DE RICOTTA Y TOMATE

Si utiliza tomates maduros y aromáticos, así como ricotta comprada en una tienda de productos gourmet para preparar esta *bruschetta*, el resultado será sublime.

12 rebanadas de chapata • 4 tomates grandes madurados en la planta y cortados en trozos irregulares • 1 diente de ajo cortado en trozos • 4 cucharadas de aceite de oliva virgen extra • 5 hojas de albahaca, troceadas • 500 g de ricotta fresca cortada en lonchas • Sal y pimienta negra

PARA SERVIR: ensalada de rúcula

1 Precaliente el grill del horno a temperatura alta y, a continuación, ponga las rebanadas de chapata bajo el grill por cada lado hasta que se tuesten un poco.
2 Mientras tanto, ponga los tomates en un cuenco. Añada, removiendo, el ajo junto con las 3 cucharadas de aceite de oliva. Agregue la albahaca y salpimiente.
3 Disponga tres tostadas en cada plato para servir y vierta la mezcla de tomate encima. Coloque una rodaja de ricotta encima de la mezcla de tomate y, a continuación, rocíe el aceite de oliva restante por encima. Añada una pizca de pimienta antes de servir las *bruschettas* acompañadas de una ensalada de rúcula.

BRUSCHETTA DE ROMERO Y CHAMPIÑONES AL AJILLO >

Los champiñones salteados con ajo y servidos sobre pan tostado impregnado del aroma del romero son una verdadera delicia.

3 cucharadas de aceite de oliva virgen extra • 2 dientes de ajo picados • 900 g de champiñones pequeños • 1 puñado de hojas de perejil picadas • 1 puñado pequeño de hojas de albahaca roja • Sal y pimienta negra recién molida
BRUSCHETTA DE ROMERO: 12 rebanadas gruesas de pan de semillas de amapola • 4 cucharadas de aceite de oliva virgen extra • 4 ramitas de romero

PARA SERVIR: ensalada de hojas variadas

1 Precaliente el grill del horno a temperatura alta.
2 Caliente a fuego fuerte el aceite de oliva en un wok o en una sartén grande. Saltee los champiñones con el ajo durante 3-4 minutos, hasta que estén cocidos y empiecen a soltar su jugo. Añada, removiendo, el perejil picado y salpimiente.
3 Mientras tanto, ponga las rebanadas de pan bajo el grill por cada lado hasta que se tuesten ligeramente. Rocíe el aceite de oliva por encima y frótelas con las ramitas de romero, y sazónelas con sal. Coloque los champiñones encima de las tostadas, vertiéndoles por encima el jugo que haya quedado en la sartén. Esparza la albahaca por encima y sirva las *bruschettas* con una ensalada de hojas variadas.

LINGUINIS CON MANTEQUILLA DE LIMÓN Y ALCAPARRAS

500 g de linguinis, espaguetis o tallarines frescos • 100 g de mantequilla • El zumo y la cáscara finamente rallada de ½ limón • Una pizca de azúcar • 2 cucharadas de alcaparras en salmuera, escurridas y enjuagadas • 1 puñado pequeño de ramitas tiernas de perejil • Sal y pimienta negra

PARA SERVIR: ensalada de hojas variadas

1 Lleve a ebullición agua con sal en una cacerola grande y cueza los linguinis durante 2 minutos o hasta que estén *al dente*.

2 Mientras tanto, derrita la mantequilla en un cazo a fuego bajo. Añada, removiendo, el zumo de limón, el azúcar y las alcaparras, a continuación salpimiente y reserve la mantequilla de limón en un lugar caliente.

3 Escurra la pasta, póngala de nuevo en la cacerola, agregue la mantequilla de limón y remueva. Espolvoree la ralladura de limón y el perejil por encima, y a continuación, sirva los linguinis acompañados de una ensalada de hojas variadas.

FIDEOS EXPRÉS CON GUINDILLA

Los fideos de cocción rápida son un regalo del cielo para el cocinero atareado. Los cacahuetes otorgan una deliciosa textura crujiente y un gran sabor a este plato familiar, además de aportar valiosas proteínas.

2 cucharadas de caldo vegetal en polvo • 250 g de fideos secos de cocción rápida • 6 cucharadas de aceite de oliva • 3 puñados de tirabeques • Una pizca de guindilla seca en copos • 1 diente de ajo cortado por la mitad • 2-3 cucharadas de salsa de soja • 200 g de cacahuetes tostados machacados

1 Lleve a ebullición 600 ml de agua y, a continuación, viértala en una cacerola grande. Añada, removiendo, el caldo en polvo y vuelva a llevar a ebullición.
2 Incorpore los fideos, remueva y cuézalos durante 2-3 minutos o hasta que se ablanden.
3 Mientras tanto, caliente a fuego medio el aceite de oliva en un wok o en una sartén antiadherente grande. Agregue los tirabeques, los copos de guindilla y el ajo, y saltee durante 1 minuto. Retire el ajo del wok.
4 Escurra los fideos y, a continuación, incorpórelos al wok o a la sartén y añada la salsa de soja. Remueva bien para que se mezcle y sirva con los cacahuetes espolvoreados por encima.

TOSTAS RÚSTICAS CON ALUBIAS

Esta receta familiar se convierte en una estupenda y sustanciosa cena rápida. Es uno de los platos rápidos favoritos de mi hijo pequeño.

800 g de alubias blancas en conserva, escurridas y enjuagadas • 3 dientes de ajo picados • 5 cucharadas de aceite de oliva virgen extra afrutado • 1 puñado de hojas de perejil picadas • 8 rebanadas de pan rústico • Sal y pimienta negra recién molida

PARA SERVIR: ensalada de hojas variadas

1 Precaliente el grill del horno a temperatura alta.
2 Ponga las alubias en una cacerola mediana con el ajo y 3 cucharadas de aceite de oliva. Cueza a fuego medio durante 3-4 minutos, removiendo de vez en cuando, hasta que se ablanden. Añada, removiendo, el perejil picado y salpimiente.
3 Mientras tanto, ponga las rebanadas de pan bajo el grill por cada lado hasta que se tuesten un poco. Vierta un chorrito del aceite que haya quedado en la cacerola por encima de las tostadas y coloque las alubias encima. Rocíe el aceite de oliva restante por encima de las alubias, y sirva las tostas inmediatamente acompañadas de una ensalada de hojas variadas.

ES DIFÍCIL DE CREER, AL SABOREAR
UNA FRAGANTE Y CREMOSA
LAKSA DE LANGOSTINOS O UN
HUMEANTE GUISO DE GARBANZOS,
PANCETA Y ESPINACAS, QUE
SOLO SE HAYAN NECESITADO
10 MINUTOS PARA PREPARARLOS.
PERO CON LAS SIGUIENTES
RECETAS, PODRÁ PREPARAR
EN UN MOMENTO UNA
ASOMBROSA VARIEDAD DE
PLATOS FRESCOS Y AROMÁTICOS.

PLATOS LISTOS EN DIEZ MINUTOS

SALTEADO DE POLLO Y ALBAHACA

El salteado se suele asociar con la cocina asiática, pero este sencillo plato de pollo, tomates, aceitunas y albahaca fresca al estilo italiano queda estupendo salteado en un wok.

400 g de pasta orzo seca • 600 g de pechuga de pollo en tiras • 2 cucharadas de aceite de oliva • 300 g de tomates cereza cortados por la mitad • 1 puñado de aceitunas negras deshuesadas • 1 puñado de hojas de albahaca • El zumo de ½ limón, o al gusto • 30 g de mantequilla • Sal y pimienta negra recién molida

PARA SERVIR: ensalada verde

1 Lleve a ebullición agua con sal en una cacerola grande y cueza la pasta orzo durante 5-6 minutos o hasta que esté *al dente*.
2 Mientras tanto, salpimiente el pollo. Caliente a fuego fuerte el aceite de oliva en un wok o sartén grande. Saltee el pollo durante 4-5 minutos, hasta que empiece a dorarse.
3 Añada los tomates y las aceitunas, y saltee 3 minutos más, hasta que el pollo esté cocido. Agregue, removiendo, la albahaca y el zumo de limón, y rectifique la condimentación al gusto.
4 Escurra la pasta orzo, póngala de nuevo en la cacerola, añada la mantequilla, y remueva hasta que todo se haya mezclado. Sirva el salteado acompañado con una ensalada verde.

SALTEADO DE PAVO CON COCO

Los fideos de arroz son el complemento perfecto para este sencillo salteado, ya que se impregnan de la cremosa y especiada salsa de coco.

3 cucharadas de aceite de oliva • 600 g de tiras de pechuga de pavo • 150 ml de crema de coco en conserva • 1 cucharadita de caldo vegetal en polvo • 1 cucharada de pasta de curry tailandesa roja o verde • 300 g de fideos de arroz especiales para wok • 150 g de tirabeques • 1 puñado de hojas de cilantro picadas

1 Caliente a fuego fuerte el aceite de oliva en un wok o en una sartén grande. Saltee el pavo durante 4-5 minutos, hasta que empiece a dorarse.
2 Añada la crema de coco, el caldo vegetal en polvo y la pasta de curry, y remueva bien. Lleve a ebullición, baje el fuego y deje cocer a fuego lento durante 1 minuto.
3 Incorpore los fideos y los tirabeques, remueva hasta que se hayan mezclado y saltee durante 2 minutos más, hasta que el pavo esté cocido y la salsa se haya espesado un poco. Agregue un chorro de agua si la salsa parece muy seca. Añada, removiendo, el cilantro picado y sirva.

ESPAGUETIS A LA CARBONARA

El pecorino sardo elaborado con leche de oveja se utiliza tradicionalmente en la preparación de la carbonara genuina, aunque el parmesano recién rallado es un buen sustituto cuando hay prisa. Utilice agua hirviendo calentada en un hervidor para acelerar la cocción de la pasta.

6 huevos • 100 g de parmesano rallado, más queso adicional para servir • 1 cucharada de aceite de oliva • 200 g de panceta o de trozos de tocino ahumado • 2 dientes de ajo cortados en lonchas • 500 g de espaguetis frescos • Sal y pimienta

PARA SERVIR: ensalada de hojas variadas

1 Bata los huevos junto con el parmesano, y sazone con sal y con abundante pimienta.
2 Caliente el aceite de oliva en una sartén grande a fuego medio. Fría la panceta con el ajo durante 4-5 minutos, hasta que la panceta se dore.
3 Mientras tanto, lleve a ebullición agua con sal en una cacerola y cueza los espaguetis durante 2 minutos o hasta que estén *al dente*. Escurra la pasta.
4 Ponga la pasta en la cacerola y, mientras esté muy caliente, incorpore la panceta y la mezcla de huevo batido, y remueva hasta que se hayan mezclado. La pasta debería estar lo bastante caliente para cocer el huevo ligeramente; si no lo está, caliente la cacerola a fuego bajo durante solo unos segundos, ya que si se superara este tiempo los huevos cuajarían.
5 Sirva la pasta con el parmesano adicional en la mesa y acompañada de una ensalada variada.

GUISO DE GARBANZOS, PANCETA Y ESPINACAS

Los tomates cereza en conserva son un magnífico recurso en la despensa y proporcionan una deliciosa textura, además de sabor, a salsas, sopas y guisos. Si no los encuentra, los tomates troceados en conserva constituyen una buena alternativa.

3 cucharadas de aceite de oliva • 2 dientes de ajo picados • 200 g de trocitos de tocino ahumado • 600 ml de caldo vegetal • 400 g de tomates cereza en conserva escurridos • 800 g de garbanzos en conserva escurridos y enjuagados • 3 puñados grandes de hojas tiernas de espinaca • Sal y pimienta negra recién molida

1 Caliente el aceite de oliva en una cacerola grande a fuego medio-alto. Fría el tocino con el ajo durante 2-3 minutos, removiendo regularmente, hasta que el tocino empiece a ponerse crujiente.
2 Añada el caldo vegetal, los tomates y los garbanzos. Lleve a ebullición, baje el fuego y deje cocer a fuego lento durante 2-3 minutos, removiendo de vez en cuando, hasta que el caldo se haya reducido un poco.
3 Incorpore, removiendo, las espinacas y cueza otro minuto, hasta que se ablanden. Salpimiente y sirva inmediatamente.

CERDO AL AJILLO CON JENGIBRE

El ajo y el jengibre forman una combinación sublime con la carne de cerdo. Y si le añade un poco de miel y un chorrito de lima, el sabor se enriquecerá aún más.

1 diente de ajo picado • 1 cucharadita de pasta de jengibre • 600 g de carne de cerdo en tiras • 2 cucharadas de aceite de oliva • 2 cucharadas de miel líquida • El zumo de 1 lima • 2 cucharaditas de salsa de pescado • 1 puñado de hojas de cilantro picadas • 250 g de fideos de huevo secos • 1 cucharada de aceite de sésamo • Sal y pimienta negra recién molida

1 Mezcle el ajo y la pasta de jengibre en un cuenco. Incorpore las tiras de carne de cerdo, salpimiente y remueva hasta que la carne quede cubierta con la pasta.
2 Caliente el aceite de oliva en un wok o en una sartén grande a fuego fuerte. Saltee la carne durante 5 minutos o hasta que esté cocida. Añada, removiendo, la miel, el zumo de lima y la salsa de pescado, y saltee durante otro minuto, removiendo regularmente, hasta que la carne se dore y esté brillante. Agregue el cilantro picado.
3 Mientras tanto, lleve a ebullición agua con sal en una cacerola grande y cueza los fideos durante 3-4 minutos, hasta que se ablanden. Escúrralos, añada el aceite de sésamo y remueva, incorpore la preparación de carne, mezcle, y sirva.

BARQUITAS DE LECHUGA CON BUEY ESPECIADO >

Utilice carne de filete de buey magro picada de calidad para conseguir el mejor resultado. Encontrará la salsa *kecap manis* en los principales supermercados o en tiendas de comida oriental, pero si le resultara difícil, use en su lugar salsa de soja oscura y añada una cucharada adicional de azúcar mascabado oscuro.

3 cucharadas de aceite de oliva • 1 cebolla picada • 2 dientes de ajo cortados en láminas • 400 g de filete de buey magro picado • 100 ml de *kecap manis* (salsa de soja dulce indonesia) • ½ cucharadita de guindilla en copos • 1 cucharadita de pasta de jengibre • 2 cucharadas de azúcar mascabado oscuro • 2 cucharadas de ketchup de tomate • 1 puñado de hojas de cilantro picadas • 8 hojas grandes de lechuga iceberg

PARA SERVIR: *naan*

1 Caliente a fuego fuerte el aceite de oliva en un wok o sartén grande. Saltee el ajo y la cebolla durante 30 segundos. Añada la carne picada y saltee durante 5 minutos, hasta que se dore.
2 Incorpore, removiendo, la salsa *kecap manis*, los copos de guindilla, la pasta de jengibre, el azúcar y el ketchup. Saltee durante 2 minutos más y agregue, removiendo, el cilantro picado.
3 Para servir, coloque la mezcla de carne picada en las barquitas de lechuga y sírvalas acompañadas de unos *naan*.

BUEY NEGRO A LA CARIBEÑA CON MAYONESA DE MANGO

Me encanta servir este buey al estilo caribeño acompañado de *peshwari naan*, porque me recuerda al fabuloso pan *roti* de coco que elaboran en las Antillas. El pan *naan* es una buena alternativa si no encuentra *peshwari*.

6 cucharadas de aceite de oliva • 2 escalonias peladas • 1 diente de ajo pelado • 1 cucharadita de pimienta de Jamaica • Una pizca de nuez moscada • Una pizca de canela • 1 cucharadita de tomillo seco • Una pizca de guindilla seca en copos • 1 cucharada de azúcar moreno oscuro • 2 cucharadas de ron añejo • 450 g de tiras de carne de buey magra • 150 g de mayonesa • 2 cucharadas de *chutney* de mango

PARA SERVIR: *peshwari naan* y ensalada variada

1 Vierta 4 cucharadas del aceite de oliva en un robot de cocina o en una batidora y añada las escalonias, el ajo, las especias, el tomillo, los copos de guindilla, el azúcar y el ron. Bata hasta obtener una pasta, pase la mezcla a un cuenco e incorpore las tiras de carne de buey. Remueva hasta que la carne quede cubierta con el adobo.
2 Caliente a fuego fuerte el aceite de oliva restante en un wok o en una sartén grande. Saltee la carne durante 3-4 minutos, hasta que esté cocida.
3 En un cuenco, mezcle la mayonesa y el *chutney* de mango. Sirva el buey acompañado con la mayonesa de mango, unos panes *peshwari naan* y una ensalada variada.

ESCALOPES DE TERNERA CON LIMÓN Y ALBAHACA >

Este sencillo plato resulta impresionante siempre y cuando se utilice una carne de ternera de calidad, por lo que es preferible adquirirla en una carnicería de confianza.

4 escalopes de ternera finos, de unos 175 g cada uno • 2 cucharadas de aceite de oliva • 2 dientes de ajo cortados en láminas • 1 puñado de hojas de albahaca • El zumo de 1 limón • Sal y pimienta negra recién molida

PARA SERVIR: cuartos de limón, pan crujiente y ensalada verde

1 Salpimiente la carne de ternera. Caliente el aceite de oliva en una sartén grande a fuego fuerte. Fría la carne durante 2 minutos por cada lado, hasta que se dore.
2 Baje el fuego, añada el ajo y la albahaca, y saltee durante otro minuto. Retire un momento la sartén del fuego y agregue un chorrito de zumo de limón.
3 Ponga de nuevo la sartén al fuego y deje hervir durante 2 minutos, hasta que los escalopes se doren.
4 Sirva los escalopes vertiendo el jugo que haya quedado en la sartén sobre la carne, y acompañados de unos cuartos de limón, unas rebanadas de pan y una ensalada verde.

BRUSCHETTA DE SARDINAS A LA PARRILLA

Esta receta es una versión especial de la tosta de sardina, que acompañada con una ensalada se convierte en una deliciosa comida ligera y nutritiva.

16 filetes de sardina fresca • 2 cucharadas de aceite de oliva, más aceite adicional para aderezar • El zumo de 1 limón • 4 rebanadas grandes de pan de cereales rústico • 1 diente de ajo pelado y cortado por la mitad • 2 ramitas de tomillo • Sal y pimienta negra

PARA SERVIR: cuartos de limón y ensalada de tomate

1 Precaliente el grill del horno a temperatura alta.
2 Salpimiente las sardinas y póngalas con el lado de la piel hacia arriba en la parrilla del horno. Rocíelas con un poco del aceite de oliva y vierta un chorrito de zumo de limón por encima. Ase las sardinas bajo el grill durante 3-4 minutos hasta que estén cocidas.
3 Mientras tanto, caliente una plancha a fuego fuerte. Tueste las rebanadas de pan en la plancha durante 1 minuto por cada lado o hasta que se chamusquen un poco. Frote las tostadas con el ajo por la superficie cortada. Rocíe con el aceite de oliva restante y frótelas enérgicamente con las ramitas de tomillo.
4 Coloque cuatro filetes de sardina encima de cada tostada y sirva las *bruschette* acompañadas de unos cuartos de limón y una ensalada de tomate.

SALMÓN SOASADO CON *RELISH* DE PEPINO

Esta receta es lo bastante buena para servir de cena especial. Para un acompañamiento deliciosamente diferente, propongo un cuscús gigante, ya que sus grandes granos, con un exquisito sabor a nuez, solo tardan unos minutos en cocerse, pero puede utilizar en su lugar cuscús de grano normal.

300 g de cuscús gigante • El zumo de 1 limón grande • 4 cucharadas de aceite de oliva • 1 puñado pequeño de hojas de perejil picadas • 4 filetes de salmón sin piel, de unos 175 g cada uno • 1 pepino grande, pelado, sin semillas y cortado en dados • 1 puñado de hojas de menta finamente picadas • ½ cucharadita de azúcar blanquilla • 4 cucharadas de vinagre de vino blanco • Sal y pimienta negra

1 Cueza el cuscús en una cacerola mediana con agua con sal hirviendo durante 6-8 minutos, hasta que se ablande. Escúrralo y añada, removiendo, la mitad del zumo de limón, la mitad del aceite de oliva y el perejil picado. Reserve.
2 Mientras el cuscús se está cociendo, salpimiente los filetes de salmón. Caliente el aceite de oliva restante en una sartén grande a fuego medio-alto. Fría el salmón durante 3-4 minutos por cada lado, hasta que esté cocido pero ligeramente opaco en el centro.
3 Prepare el *relish* de pepino: ponga el pepino en un cuenco y agregue removiendo la menta, el azúcar y el vinagre, y sazone al gusto.
4 Rocíe el zumo de limón restante sobre el salmón y acompañe con el *relish* de pepino y el cuscús.

ROLLITOS DE SALMÓN AHUMADO A LA PLANCHA

Estos rollitos, cuando se sirven con una ensalada variada, son ideales para una comida sencilla a mitad de semana.

250 g de queso crema • 4 tortillas de trigo grandes • 6 cebollas tiernas finamente picadas • 250 g de salmón ahumado cortado en lonchas • 8 tomates secados al sol en aceite de oliva, escurridos y troceados • 1 puñado pequeño de eneldo sin tallos • 2 cucharadas de aceite de oliva

PARA SERVIR: ensalada variada

1 Unte las tortillas con el queso crema, y esparza las cebollas por encima. Coloque las lonchas de salmón de manera uniforme sobre cada tortilla y corone con los tomates secados al sol y el eneldo.
2 Doble los lados de cada tortilla y enróllelas en forma de salchicha larga. Corte los rollitos por la mitad en diagonal.
3 Mientras tanto, caliente una plancha grande sin aceite a fuego medio. Ase los rollitos a la plancha durante 2-3 minutos, dándoles la vuelta una vez, hasta que se hayan calentado (puede que tenga que asarlos en 2 tandas). Sírvalos calientes directamente de la plancha acompañados de una ensalada variada.

SPIEDINI DE ATÚN Y TOMATES CEREZA

Spiedini es la denominación en italiano de las broquetas de carne o pescado que se asan a la barbacoa, a la parrilla o, como en esta receta, a la plancha. El atún fresco es perfecto cuando se prepara así, pero elija a ser posible atún pescado con caña. Necesitará 8 broquetas de metal.

El zumo de 1 limón • 450 g de lomos de atún cortados en 24 dados • 300 g de tomates cereza • 6 cucharadas de aceite de oliva • 4 puñados grandes de hojas de ensalada variadas • 1 aguacate deshuesado y cortado en lonchas • 2 cucharadas de semillas variadas tostadas • 2 cucharadas de vinagre balsámico • Sal y pimienta negra recién molida

PARA SERVIR: chapata

1 Rocíe el zumo de limón por encima del atún y salpimiente. Reparta el atún de modo uniforme entre las broquetas, alternando cada dado con un tomate cereza.
2 Caliente a fuego fuerte 2 cucharadas de aceite de oliva en una plancha grande. Ase las broquetas durante 3-4 minutos, dándoles la vuelta con frecuencia, hasta que el atún se dore por fuera y los tomates se chamusquen ligeramente y se ablanden.
3 Ponga las hojas de ensalada en un cuenco y añada el aguacate y las semillas. Vierta el aceite de oliva restante y el vinagre balsámico sobre la ensalada, y remueva hasta que se hayan mezclado. Sirva 2 broquetas por persona acompañadas de la ensalada y unas rebanadas de chapata.

LAKSA DE LANGOSTINOS >

Este es uno de mis platos rápidos favoritos porque no requiere cantidades exactas y las hortalizas se pueden sustituir por otras, o incluso añadir más cantidad, dependiendo de lo que tenga a mano. Encontrará pasta *laksa* ya preparada en los principales supermercados o en tiendas de alimentación oriental.

400 ml de leche de coco en conserva • 400 ml de caldo de pollo • 2 cucharadas de pasta *laksa* • 1 puñado de tomates cereza cortados por la mitad • 1 puñado de tirabeques • 400 g de langostinos tigre cocidos, pelados, conservando la cola • 300 g fideos finos de arroz especiales para wok • 1 manojo pequeño de cilantro con las hojas troceadas

1 Vierta la leche de coco y el caldo en una cacerola mediana, añada removiendo la pasta *laksa* y cueza durante 5 minutos a fuego medio, removiendo de vez en cuando.
2 Incorpore, sin dejar de remover, los tomates, los tirabeques, los langostinos y los fideos, y cueza durante 2 minutos más o hasta que se haya calentado. Agregue, removiendo, el cilantro y sirva.

CHIPIRONES CRUJIENTES CON ALIÑO DE LIMA Y CILANTRO

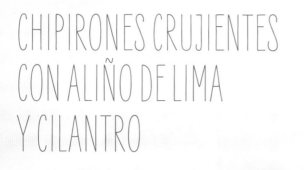

Los chipirones rebozados y fritos, dorados y crujientes, aderezados con zumo de lima, son sencillamente irresistibles.

3 cucharadas de harina • 450 g de chipirones limpios y cortados en rodajas • 125 ml de aceite de oliva virgen extra • El zumo de 1 lima • Una pizca de azúcar • 1 cucharada de hojas de cilantro picadas • Sal y pimienta negra

PARA SERVIR: pan de semillas y ensalada de rúcula

1 Ponga la harina en un cuenco y salpimiente. Reboce los chipirones en la harina sazonada.
2 Caliente 2 cucharadas del aceite de oliva en una sartén grande a fuego fuerte. Fría los chipirones durante 3 minutos, hasta que se doren y estén crujientes.
3 Mientras tanto, vierta el aceite de oliva restante en un cazo y añada el zumo de lima, el azúcar y el cilantro picado. Sazone al gusto y ponga a fuego suave hasta que se haya calentado.
4 Deje escurrir los chipirones sobre papel de cocina. Sírvalos rociados con el aliño caliente y acompañados de pan de semillas y una ensalada de rúcula.

CALAMARES EMPANADOS CON ALIOLI

Los calamares empanados en pan rallado y crujiente me gustan aún más que los típicos calamares a la romana rebozados que suelen servir en muchos restaurantes. Para el alioli, utilice una mayonesa de buena calidad o prepárela usted mismo.

12 calamares de tamaño mediano, limpios y cortados en trozos de 5 cm, con los tentáculos separados y reservados • 6 cucharadas de pan rallado • 1 clara de huevo ligeramente batida • 4 cucharadas de aceite de oliva • Sal y pimienta negra
ALIOLI: 150 ml de mayonesa • 2 dientes de ajo picados • El zumo de ½ limón

PARA SERVIR: cuartos de limón, ensalada variada y baguette

1 Haga una incisión superficial en forma de rombo en la carne de cada uno de los trozos de calamar con la punta de un cuchillo afilado.
2 Esparza el pan rallado en un plato plano grande y salpiméntelo. Sumerja brevemente los trozos de calamar y los tentáculos en la clara de huevo, y rebócelos en el pan.
3 Caliente el aceite de oliva en una sartén grande a fuego fuerte. Fría los calamares 1 minuto por cada lado, hasta que se doren y estén crujientes (mejor freírlos en 2 tandas).
4 Mientras tanto, en un cuenco, mezcle la mayonesa, el ajo y el zumo de limón. Sirva los calamares acompañados con el alioli, unos cuartos de limón, una ensalada variada y unas rebanadas de baguette.

VIEIRAS ESPECIADAS AL LIMÓN

Compre las vieiras más carnosas que pueda encontrar y adorará este plato. Las vieiras, ligeramente especiadas, se asan a la plancha y se sirven acompañadas de una ensalada templada de lentejas. Si no encuentra lentejas de Puy envasadas al vacío, puede utilizar lentejas pardinas en conserva, pero escúrralas y enjuáguelas bien.

2 cucharaditas de pasta de curry tailandesa roja • 1 cucharadita de azúcar blanquilla • El zumo de 1 limón • 6 cucharadas de aceite de oliva • 16 vieiras frescas • 800 g de lentejas de Puy envasadas al vacío, escurridas y enjuagadas • 1 puñado pequeño de hojas de cilantro picadas

PARA SERVIR: ensalada de hojas tiernas de espinaca

1 En un cuenco, mezcle la pasta de curry, el azúcar y la mitad del zumo de limón junto con 2 cucharadas del aceite de oliva. Pincele las vieiras con la mezcla.
2 Vierta el resto de la preparación en un cazo, añada otra cucharada del aceite y caliente a fuego bajo.
3 Mientras tanto, ponga las lentejas en una cacerola mediana con 2 cucharadas del aceite y el zumo de limón restante, y caliéntelas durante 2-3 minutos. Manténgalas calientes.
4 Caliente el aceite de oliva restante en una plancha grande a fuego muy fuerte. Fría las vieiras durante 1 minuto por cada lado hasta que se soasen por fuera pero queden jugosas y opacas en el centro.
5 Sirva las vieiras colocadas sobre las lentejas. Vierta un poco del aliño especiado alrededor de las vieiras, espolvoréelas con el cilantro picado y acompáñelas con una ensalada de espinaca.

HUEVOS REVUELTOS CON ESPÁRRAGOS

Este plato es un clásico, y con razón. No deje de probarlo durante la temporada breve pero especial de los espárragos.

250 g de espárragos limpios, cortados en trozos de 2,5 cm • 10 huevos grandes ligeramente batidos • 4 cucharadas de crema de leche espesa (opcional) • 30 g de mantequilla • 8 rebanadas de pan rústico • Sal y pimienta negra

1 Precaliente el grill del horno a temperatura alta.
2 Lleve a ebullición agua en una cacerola mediana, introduzca los espárragos y blanquéelos durante 1 minuto, hasta que estén *al dente*. Escúrralos y manténgalos calientes.
3 Mientras tanto, ponga en un cuenco los huevos batidos, salpiméntelos e incorpore, removiendo, la crema, si ha decidido añadirla.
4 Derrita la mitad de la mantequilla en una cacerola mediana de fondo grueso a fuego medio. Vierta los huevos batidos en la cacerola y cuézalos durante 3 minutos, removiendo sin cesar, hasta que estén un poco cuajados pero esponjosos.
5 Mientras tanto, ponga las rebanadas de pan bajo el grill por cada lado, tuéstelas ligeramente y úntelas con la mantequilla restante.
6 Añada, removiendo, dos tercios de los espárragos a los huevos revueltos. Coloque los huevos y los espárragos restantes encima de las tostadas, y sírvalas inmediatamente.

HUEVOS A LA FLORENTINA >

Una tostada crujiente coronada con espinacas al limón y un huevo escalfado con su dorada yema líquida es un auténtico manjar para ser un plato tan sencillo y rápido de preparar.

40 g de mantequilla • 4 puñados grandes de hojas tiernas de espinaca • El zumo de ½ limón • Un chorrito de vinagre de vino blanco • 4 huevos grandes • 4 rebanadas gruesas de pan rústico • Sal y pimienta negra

1 Precaliente el grill del horno a temperatura alta.
2 Derrita la mitad de la mantequilla en una sartén grande a fuego medio. Añada las espinacas y saltéelas durante 3 minutos, removiendo regularmente, hasta que se ablanden. Sazone al gusto con sal y pimienta y el zumo de limón.
3 Mientras tanto, vierta en una cacerola poco honda o en una sartén honda la cantidad suficiente de agua para que llegue por la mitad. Caliéntela hasta justo por debajo del punto de ebullición, remuévala con una cuchara y añada el vinagre. Casque los huevos uno a uno en un platito e introdúzcalos con cuidado en el agua hirviendo a fuego lento. Escalfe los huevos unos 2 minutos a fuego bajo, hasta que empiecen a cuajarse.
4 Mientras los huevos se están escalfando, ponga las rebanadas de pan bajo el grill por cada lado hasta que se tuesten ligeramente, y úntelas con la mantequilla restante. Coloque unas espinacas y un huevo escalfado encima de cada tostada. Añada una pizca de pimienta, si lo desea, y sirva.

ENSALADA DE CUSCÚS CON FETA Y MENTA >

Esta receta es un plato principal vegetariano increíblemente rápido de preparar, saludable y delicioso.

300 g de cuscús • 500 ml de caldo vegetal caliente • 1 pepino pequeño cortado en dados • 4 tomates maduros troceados • 1 manojo de cebollas tiernas cortadas en rodajas en diagonal • 1 puñado grande de aceitunas negras deshuesadas • 1 puñado de hojas de menta groseramente troceadas • 250 g de queso feta desmenuzado • Sal y pimienta negra

1 Ponga el cuscús en un cuenco y vierta el caldo caliente por encima hasta cubrirlo. Remuévalo, tápelo y déjelo reposar durante 4-5 minutos, hasta que haya absorbido el caldo. Separe los granos con un tenedor.
2 Incorpore, sin dejar de remover, el pepino, los tomates, las cebollas, las aceitunas y la menta, y salpimiente. Añada el queso feta y remueva con cuidado hasta que se haya mezclado.

TOSTAS DE TOMATE CON HUEVO FRITO A LA GUINDILLA

Freír los huevos con aceite de guindilla añade un toque adicional, mientras que untar las tostas con tomate fresco es una forma sencilla de otorgar una nueva dimensión al pan tostado.

6 cucharadas de aceite de oliva • 1-2 guindillas pequeñas secas • 4 huevos grandes • 4 rebanadas gruesas de pan rústico • 2 tomates maduros cortados por la mitad • Sal y pimienta negra

PARA SERVIR: ensalada de berros y espinacas

1 Precaliente el grill del horno a temperatura alta.
2 Caliente el aceite de oliva en una sartén grande a fuego medio. Ponga las guindillas desmenuzadas y casque los huevos con cuidado en la sartén. Fríalos durante 2-3 minutos, vertiéndoles el aceite por encima de vez en cuando, hasta que las claras se cuajen pero las yemas se mantengan líquidas.
3 Mientras tanto, ponga las rebanadas de pan bajo el grill por cada lado hasta que se tuesten ligeramente. Frote un lado de las tostadas con el tomate y salpimiéntelas.
4 Coloque los huevos fritos sobre las tostadas y rocíe un poco del aceite de guindilla que haya quedado en la sartén por encima. Sirva con una ensalada de berros y espinacas.

ENSALADA DE HALLOUMI A LA PLANCHA, PISTACHOS Y SANDÍA

La combinación salada-dulce/crujiente-blanda del halloumi a la plancha, la sandía y los pistachos es deliciosa. Este plato se sazona con abundante pimienta negra recién molida.

½ sandía pequeña sin semillas y cortada en dados
• 2 puñados de pistachos sin cáscara y sin sal
• 500 g de halloumi escurrido y cortado en dados
• El zumo de ½-1 lima • 1 puñado pequeño de hojas de menta • Pimienta negra
PARA SERVIR: cuartos de lima, pita y ensalada verde crujiente

1 Disponga los dados de sandía en una fuente para servir grande y esparza los pistachos por encima.
2 Caliente una plancha grande a fuego fuerte. Ase los dados de queso a la plancha durante 2 minutos, dándoles la vuelta a menudo, hasta que se doren por todos los lados. Esparza los dados sobre la sandía y añada un chorrito de zumo de lima al gusto.
3 Coloque encima las hojas de menta y sazone con pimienta. Sirva la ensalada con el queso todavía caliente, acompañada de unos cuartos de lima, unos panes pita y una ensalada verde.

ENSALADA DE ROQUEFORT, RÚCULA Y PITA

El queso roquefort confiere un sabor sublime a esta ensalada, pero cualquier otro queso azul fuerte será un buen sustituto.

2 cucharadas de aceite de oliva virgen extra • 2 dientes de ajo pelados • 2 panes pita, troceados en pedazos pequeños • 4 puñados de hojas de rúcula • 250 g de queso roquefort desmenuzado en trozos pequeños • 3 tallos de apio cortados en rodajas finas en diagonal • 6 higos secos y troceados • 1 puñado de avellanas tostadas y troceadas
ALIÑO: 6 cucharadas de aceite de oliva virgen extra • 3 cucharadas de vinagre balsámico • 1 diente de ajo picado • Sal y pimienta negra

1 Caliente el aceite de oliva en una sartén grande a fuego medio. Fría el pan pita con el ajo durante 2 minutos, dándole la vuelta de vez en cuando, o hasta que el pan se dore. Retírelo de la sartén, salpimiente y reserve. Deseche el ajo.
2 Ponga la rúcula en un cuenco para ensalada y esparza el roquefort por encima. A continuación, añada el apio, los higos, las avellanas y los pedazos de pan *pita* fritos.
3 Ponga todos los ingredientes del aliño en un tarro con tapón de rosca y agite hasta que se hayan emulsionado. Sazone al gusto. Vierta el aliño sobre la ensalada, remueva con cuidado hasta que se haya mezclado y sirva inmediatamente.

ENSALADA DE MELOCOTÓN Y FETA CON ALIÑO DE LIMA

Esta ensalada está repleta de sabores frescos y veraniegos, y la combinación de fruta, hortalizas, queso y lentejas proporciona una comida tan completa como equilibrada. Puede sustituir las lentejas por quínoa precocida si lo prefiere.

4 puñados de judías verdes finas preparadas • 800 g de lentejas verdes o pardinas en conserva, escurridas y enjuagadas • 4 melocotones maduros pero firmes deshuesados y cortados en láminas • 250 g de corazones de alcachofa asados a la brasa, en aceite y escurridos • 450 g de queso feta desmenuzado en trozos pequeños • 1 puñado de pistachos sin cáscara y sin sal • 1 puñado de hojas de menta
ALIÑO: 6 cucharadas de aceite de oliva virgen extra • El zumo de 1 lima • ½ cucharadita de azúcar blanquilla • Sal y pimienta negra

1 Lleve a ebullición agua en una cacerola mediana e incorpore las judías verdes. Blanquéelas durante 2 minutos, hasta que se ablanden ligeramente, y, a continuación, escúrralas y páselas a un cuenco para ensalada.
2 Incorpore las lentejas y añada los melocotones, los corazones de alcachofa, el queso feta, los pistachos y la menta.
3 Ponga todos los ingredientes del aliño en un tarro con tapón de rosca y agite hasta que se hayan emulsionado. Sazone al gusto y vierta el aliño sobre la ensalada. Remueva con cuidado hasta que se haya mezclado y sirva.

ESPAGUETINIS CON ACEITE DE GUINDILLA Y AJO

Los espaguetinis son ligeramente más finos que los espaguetis, por lo que se cuecen en menos tiempo. Puede utilizar pasta fresca si no encuentra espaguetinis.

450 g de espaguetinis secos • 6 cucharadas de aceite de oliva • 1 guindilla seca • 1 diente de ajo cortado por la mitad • 50 g de parmesano rallado • Sal

PARA SERVIR: ensalada de hojas picantes

1 Lleve a ebullición agua con sal en una cacerola grande y cueza los espaguetinis durante 7-8 minutos o hasta que estén *al dente*.
2 Mientras tanto, vierta el aceite de oliva en una sartén grande y ponga la guindilla cortada fina. Añada el ajo y ponga la sartén a fuego suave durante 3-4 minutos, hasta que el aceite se caliente y se impregne de sus aromas. Deseche el ajo.
3 Utilizando una pinza para pasta, retire los espaguetis del agua de cocción e incorpórelos a la sartén con el aceite de guindilla, removiendo bien hasta que queden cubiertos. Sírvalos espolvoreados con parmesano y acompañados de una ensalada de hojas picantes.

PASTA CON PARMESANO, SALVIA Y GRANOS DE PIMIENTA >

El parmesano aporta un sabor delicioso a la pasta, pero también me gusta la ricotta salada siciliana espolvoreada por encima de este sencillo plato. Este queso de leche de oveja tiene un sabor más fuerte que el parmesano, por lo que, si puede encontrarlo, no deje de probarlo.

500 g de macarrones frescos • 30 g de mantequilla • 2 dientes de ajo cortados en láminas finas • 1 puñado de hojas de salvia • 1 cucharadita de granos de pimienta rosa o verde en salmuera, escurridos y picados • 50 g de parmesano o ricotta salada rallada • Unas ramitas de perejil de hoja plana • Sal

PARA SERVIR: ensalada variada

1 Lleve a ebullición agua con sal en una cacerola grande y cueza los macarrones durante 2 minutos o hasta que estén *al dente*.
2 Mientras tanto, derrita la mantequilla en un cazo a fuego bajo. Añada, removiendo, el ajo y la salvia y deje que la mantequilla se impregne de sus aromas mientras la pasta se cuece.
3 Escurra la pasta y póngala de nuevo en la cacerola. Vierta la mantequilla de salvia por encima y remueva bien hasta que quede cubierta. Agregue, removiendo, los granos de pimienta. Espolvoree con el parmesano, esparza el perejil por encima y sirva los macarrones acompañados de una ensalada variada.

FIDEOS CON GUINDILLA, *HOISIN* Y TOFU

A menudo sirvo este completo plato en un solo cuenco como cena rápida entre semana. El tofu se elabora a partir de judías de soja y es una fuente de proteínas y calcio. Posee la capacidad de absorber muy bien los sabores, de modo que la combinación de jengibre, guindilla y salsa *hoisin* crea un plato realmente sabroso y saludable.

250 g de fideos de huevo secos • 500 g de tofu firme, escurrido y cortado en dados • 1 cucharada de aceite de sésamo • 4 cucharadas de aceite de cacahuete o de girasol • 1 trozo de 5 cm de jengibre fresco, pelado y cortado en tiras finas • 2 dientes de ajo cortados en láminas • 1 manojo de cebollas tiernas picadas • 300 g de berros • ½-1 cucharadita de guindilla seca en copos • 2 cucharadas de salsa *hoisin* • 3 cucharadas de caldo vegetal o de agua

1 Lleve a ebullición agua con sal en una cacerola y cueza los fideos durante 2-3 minutos, hasta que empiecen a ablandarse. Escúrralos y enjuáguelos bajo el grifo, y ponga la pasta en la cacerola; añada el aceite de sésamo y remueva.
2 Caliente 2 cucharadas del aceite de cacahuete en una sartén grande a fuego fuerte. Fría el tofu durante 3 minutos, hasta que se dore. Manténgalo caliente.
3 Caliente el aceite de cacahuete restante en un wok o sartén grande a fuego medio-alto. Saltee el jengibre con el ajo durante 30 segundos.
4 Incorpore la mitad de las cebollas, los berros, la guindilla y los fideos cocidos. Saltee 2 minutos antes de agregar la salsa *hoisin* y el caldo, y remueva hasta que se hayan mezclado y calentado.
5 Sirva los fideos con el tofu y las cebollas restantes colocados encima.

MACARRONES CON RÚCULA Y PARMESANO

Este sencillo plato de pasta se convierte en una estupenda comida veraniega. Pruebe una deliciosa variante añadiendo un poco de queso ricotta fresco justo antes de agregar la rúcula.

500 g de macarrones frescos • 3 cucharadas de aceite de oliva • 2 puñados de hojas de rúcula • 100 g de parmesano rallado • La ralladura de 1 limón (opcional) • Sal y pimienta negra

PARA SERVIR: ensalada de tomate

1 Lleve a ebullición agua con sal en una cacerola grande y cueza los macarrones durante 2 minutos o hasta que estén *al dente*. Escurra la pasta y póngala de nuevo en la cacerola.
2 Agregue, removiendo, el aceite de oliva, la rúcula, el parmesano rallado y la ralladura de limón, si ha decidido añadirla. Sazone con pimienta y vuelva a poner la cacerola al fuego durante 1 minuto, hasta que la rúcula se ablande. Sirva los macarrones acompañados con una ensalada de tomate.

LASAÑA DE RICOTTA

Este plato demuestra que no hay necesidad de preparar salsas muy elaboradas cuando vamos apurados de tiempo. Todo cuanto se necesita es unos cuantos ingredientes sencillos y un poco de imaginación.

12 cuadrados de 10 cm de lasaña fresca • 600 g de tomates en rama, sin semillas y troceados • 4 cucharadas de aceite de oliva virgen extra • 1 puñado de hojas de albahaca y un poco más para servir • 450 g de ricotta fresca • Sal y pimienta negra recién molida

PARA SERVIR: ensalada de rúcula

1 Lleve a ebullición agua con sal en una cacerola grande y cueza las láminas de lasaña durante 2-3 minutos, hasta que estén *al dente*, y escúrralas.
2 Mientras tanto, ponga los tomates en un cuenco y añada, removiendo, el aceite de oliva y la albahaca. Salpimiente y reserve.
3 Disponga una lámina de lasaña en cada uno de los 4 platos para servir y coloque encima una cucharada colmada de la mezcla de tomate. Cubra con una segunda lámina de lasaña. Coloque encima tres cuartos del queso y cubra con una tercera lámina de lasaña. Coloque encima otra capa de la mezcla de tomate y corone con la ricotta restante.
4 Rocíe los jugos de la mezcla de tomate que hayan quedado en el cuenco sobre y alrededor de la lasaña, y sazone con abundante pimienta. Esparza por encima unas hojas de albahaca y sirva la lasaña acompañada de una ensalada de rúcula.

PIADINA PIZZA MARGARITA

La *piadina* es un pan plano italiano muy similar a la tortilla de trigo, por lo que, si no encuentra la versión auténtica, use en su lugar tortillas.

8 *piadine* pequeñas o tortillas de trigo • 125 ml de puré de tomate • 1 cucharadita de orégano seco • 200 g de mozzarella de búfala, escurrida y troceada • 1-2 cucharadas de aceite de oliva • 8-10 hojas de albahaca troceadas • Sal y pimienta negra

PARA SERVIR: ensalada variada

1 Precaliente el horno a 200 °C.
2 Ponga dos *piadine* juntas, una encima de la otra, para tener cuatro bases de pizza. Colóquelas en dos placas para hornear. Mezcle el puré y el orégano, y extienda la preparación de modo uniforme sobre las bases de pizza.
3 Disponga la mozzarella encima, rocíe con el aceite de oliva y salpimiente. Esparza la albahaca y hornee las *piadine* durante 5 minutos, hasta que la mozzarella se derrita y empiece a dorarse. Sirva las *piadine* acompañadas de una ensalada variada.

UNA SALUDABLE ENSALADA DE POLLO AL SÉSAMO, UN SUSTANCIOSO SALMÓN ESPECIADO EN SOPA *MISO* CON FIDEOS Y UN EXÓTICO PATO DORADO AL JENGIBRE SON SOLO ALGUNOS DE LOS APETITOSOS PLATOS QUE ENCONTRARÁ EN ESTE CAPÍTULO. NO SOLO SON MUY FÁCILES DE PREPARAR, SINO QUE ADEMÁS ESTÁN REPLETOS DE SUSTANCIAS BENEFICIOSAS Y REBOSANTES DE SABOR. UNA COMIDA SABROSA NO TIENE POR QUÉ TARDAR UNA ETERNIDAD EN PREPARARSE.

PLATOS LISTOS EN QUINCE MINUTOS

BROQUETAS DE POLLO PICANTES CON GUACAMOLE >

Para ganar tiempo puede comprar pechugas de pollo ya cortadas. Los amantes del picante quizá deseen añadir un chorrito de aceite de guindilla al guacamole, y los tomates en dados y el cilantro picado son unos excelentes complementos. Necesitará 12 broquetas de metal.

600 g de pechuga de pollo en tiras • 2 cucharadas de aceite de oliva • 2 cucharadas de hojas de cilantro picadas • Sal y pimienta negra recién molida
GUACAMOLE: 2 aguacates maduros deshuesados
• 1 diente de ajo picado • El zumo de 1 lima
• 2 cucharadas de aceite de oliva virgen extra
• La ralladura de 1 lima

PARA SERVIR: tortillas, cuartos de lima y ensalada variada

1 Ensarte las tiras de pollo en forma de acordeón en las 12 broquetas. Pincele con 1 cucharada del aceite de oliva y salpimiente.
2 Caliente el aceite de oliva restante en una plancha grande a fuego medio-alto. Ase las broquetas a la plancha durante 8-10 minutos, dándoles la vuelta de vez en cuando, hasta que se doren y estén cocidas.
3 Mientras tanto, prepare el guacamole. Ponga el aguacate en un cuenco y aplástelo con el ajo. Añada, removiendo, el zumo de lima y el aceite de oliva, y sazone al gusto. Esparza la mitad de la ralladura de lima por encima.
4 Espolvoree el cilantro picado y esparza la ralladura de lima restante sobre las broquetas. Sírvalas con el guacamole, unas tortillas, unos cuartos de lima y una ensalada de hojas variadas.

SOPA DE POLLO Y COCO

La leche de coco otorga a esta sopa una deliciosa untuosidad, y los tropezones de hortalizas al estilo oriental la convierten en una sopa sustanciosa: la comida completa contenida en un solo cuenco, sencilla y perfecta.

400 ml de leche de coco en conserva • 600 ml de caldo de pollo • 6 cebollas tiernas cortadas en rodajas en diagonal • 150 g de mazorquitas de maíz • 250 g de pechuga de pollo cocida y desmenuzada • 1 zanahoria cortada en tiras • 150 g de tirabeques • 1 puñado de hojas de cilantro picadas • Sal y pimienta negra recién molida

1 Vierta la leche de coco y el caldo de pollo en una cacerola grande y lleve a ebullición. Baje el fuego, añada las cebollas y las mazorquitas, y deje cocer a fuego lento durante 2 minutos.
2 Incorpore el pollo, la zanahoria, los tirabeques y el cilantro picado, salpimiente y, a continuación, caliente la sopa. Sírvala inmediatamente.

ENSALADA DE POLLO AL SÉSAMO

Las semillas de sésamo son un rebozado deliciosamente crujiente y dorado para las tiras de pollo. Suelo servir estas tiras crujientes de pollo fritas en fiestas para picar acompañadas de un cuenco de salsa de guindilla dulce para mojar.

1 huevo • 100 g de semillas de sésamo • 450 g de pechuga de pollo en tiras • 3 cucharadas de aceite de oliva • 4 puñados de brotes de soja • 1 manojo pequeño de cebollas tiernas troceadas • 2 zanahorias cortadas en tiras finas • 250 g de tomates cereza cortados por la mitad

ALIÑO: el zumo de 1 lima • 1 cucharadita de miel líquida • 4 cucharadas de aceite de oliva

1 Bata el huevo en un cuenco y ponga las semillas de sésamo en un plato plano. Sumerja las tiras de pollo en el huevo batido, elimine el exceso y, a continuación, rebócelas en las semillas de sésamo hasta que queden ligeramente cubiertas.
2 Caliente el aceite de oliva en un wok o sartén grande a fuego fuerte. Fría las tiras de pollo durante 5 minutos, dándoles la vuelta una vez, hasta que se doren y estén cocidas. Déjelas escurrir sobre papel de cocina.
3 Mientras tanto, ponga los brotes de soja, las cebollas, las zanahorias y los tomates cereza en un cuenco para servir.
4 Mezcle los ingredientes del aliño, viértalo por encima de la ensalada y remueva hasta que se haya mezclado. Sirva la ensalada con las tiras de pollo colocadas encima.

PATO DORADO AL JENGIBRE

Conserve el jengibre fresco, previamente pelado, en el congelador. No es necesario descongelarlo antes de utilizarlo, ya que puede rallarse sin problema.

600 ml de caldo de pollo o vegetal • 4 cucharadas de confitura de naranja • 1 diente de ajo picado • 3 cucharadas de salsa de soja • 2 cucharaditas de salsa de pescado • 1 trozo de 2,5 cm de jengibre fresco, pelado y rallado • 2 cucharadas de cacahuetes salados picados (opcional) • 4 pechugas de pato cortadas en tiras finas • 250 g de fideos al huevo secos y de cocción rápida • 3 cucharadas de aceite de girasol • 500 g de verduras variadas para saltear

1 Lleve el caldo a ebullición en una cacerola grande.
2 Mientras tanto, ponga la mermelada en un cuenco, junto con el ajo, la salsa de soja, la salsa de pescado y el jengibre rallado. Agregue los cacahuetes, si ha decidido añadirlos, y remueva bien. Incorpore las tiras de pato a la mezcla y remueva hasta que queden bien cubiertas.
3 Incorpore los fideos al caldo hirviendo y cuézalos durante 3-4 minutos o hasta que se ablanden, y escúrralos.
4 Mientras tanto, caliente a fuego medio-alto 2 cucharadas del aceite de girasol en un wok o sartén grande. Saltee las verduras durante 2 minutos, hasta que se ablanden un poco; retírelas del wok y manténgalas calientes.
5 Ponga a calentar el aceite de girasol restante en la sartén y saltee las tiras de pato durante 3-4 minutos, hasta que se doren y empiecen a estar cocidas (la carne de pato debe mantenerse ligeramente rosada en el centro). Sirva los fideos con las verduras y las tiras de pato colocadas encima.

ROLLOS DE QUESO ENVUELTOS EN PANCETA Y ENSALADA DE ESPINACAS

Los rollos de queso envueltos en panceta, servidos calientes y acompañados con una picante ensalada de espinacas y una copa de vino tinto, constituyen una estupenda cena informal.

450 g de queso provolone cortado en tiras de 7,5 x 2,5 cm • 150 g de panceta cortada en lonchas • 2 cucharadas de aceite de oliva • 8 tomates secados al sol en aceite de oliva • 4 puñados grandes de hojas tiernas de espinaca • 2 cucharadas de piñones tostados • 1 aguacate maduro pero firme, deshuesado y cortado en rodajas • 1 cucharada de vinagre balsámico • Sal y pimienta negra

PARA SERVIR: chapata de aceitunas

1 Envuelva cada tira de queso en una loncha de panceta. Caliente el aceite de oliva en una sartén grande a fuego fuerte. Fría los rollos de queso 40 segundos, dándoles la vuelta una vez, o hasta que empiecen a dorarse. Déjelos escurrir sobre papel de cocina.
2 Mientras tanto, escurra los tomates secados al sol, reservando el aceite, y córtelos por la mitad.
3 Ponga las espinacas en una ensaladera y añada los piñones, los tomates secados al sol y el aguacate.
4 En un cuenco, mezcle 4 cucharadas del aceite de los tomates con el vinagre balsámico y salpimiente. Vierta el aliño sobre la ensalada y remueva hasta que quede cubierta.
5 Sirva los rollos de queso sobre la ensalada. Acompañe con chapata de aceitunas.

CERDO CON LIMA Y LIMONCILLO

Utilice carne magra de cerdo picada de buena calidad y, cuando la fría, mantenga el fuego alto y no deje de remover: de este modo, conseguirá una carne de cerdo deliciosamente dorada y crujiente.

2 cucharadas de aceite de oliva • 1 tallo de limoncillo, pelado y finamente picado • 1 cebolla picada • 2 dientes de ajo picados • 1 tallo de apio picado • 450 g de carne magra de cerdo picada • 150 g de tirabeques • 150 g de mazorquitas de maíz • 250 g de fideos al huevo secos • El zumo de 1 lima grande • Sal y pimienta negra

1 Caliente el aceite de oliva en un wok o sartén grande a fuego fuerte. Fría el limoncillo, la cebolla, el ajo, el apio y la carne picada durante 8 minutos, removiendo regularmente, hasta que la carne se dore. Salpimiente.
2 Añada los tirabeques y las mazorquitas, y saltee durante 2 minutos más, hasta que la carne esté cocida.
3 Mientras tanto, lleve a ebullición agua con sal en una cacerola grande y cueza los fideos durante 3-4 minutos o hasta que se ablanden, y escúrralos.
4 Agregue, removiendo, el zumo de lima a la mezcla de carne picada y sírvala sobre los fideos.

MIGAS CON CHORIZO

En su versión más sencilla, este plato tradicional español consiste en migas de pan secas fritas en un poco de manteca de cerdo. Sin embargo, en cada región existe infinidad de variantes, y esta es la mía.

2 cucharadas de aceite de oliva • 3 dientes de ajo cortados en láminas • 3 rebanadas gruesas de pan blanco de pueblo sin corteza y troceadas en pedazos pequeños • 300 g de chorizo picante cortado en dados • 200 g de pimientos asados en aceite de oliva, escurridos y cortados en tiras • 1 manojo pequeño de perejil picado • Sal y pimienta negra

PARA SERVIR: ensalada de mizuna picante

1 Caliente el aceite de oliva en una sartén grande a fuego bajo. Fría el ajo durante 2 minutos, hasta que el aceite se impregne de su aroma. Añada las migas, suba el fuego un poco y saltee durante 3-4 minutos, hasta que se doren.
2 Incorpore, removiendo, el chorizo y saltee durante 3-4 minutos, sin dejar de remover, hasta que el chorizo se caliente y chisporrotee. Agregue los pimientos y saltee otro minuto. Salpimiente y espolvoree el perejil picado por encima. Sirva las migas acompañadas de una ensalada de mizuna picante.

GUISO DE JUDIONES CON CHORIZO >

Los judiones y el sabor picante del chorizo combinan a la perfección en esta cena rápida, que no necesita más que unas rebanadas de pan crujiente y una ensalada verde como guarnición para convertirse en una comida sustanciosa y sabrosa.

3 cucharadas de aceite de oliva • 1 cebolla finamente picada • 800 g de tomates troceados en conserva, tamizados • ½ cucharadita de azúcar blanquilla • 800 g de judiones en conserva, escurridos y enjuagados • 225 g de chorizo cortado en rodajas o en dados • Unas ramitas de perejil • Sal y pimienta negra

PARA SERVIR: ensalada verde y pan crujiente

1 Caliente el aceite de oliva en una sartén grande a fuego medio. Fría la cebolla durante 2-3 minutos, removiendo con regularidad, hasta que empiece a ablandarse.
2 Añada los tomates y el azúcar, salpimiente y, a continuación, incorpore, removiendo, los judiones y el chorizo. Lleve a ebullición, baje el fuego y deje cocer a fuego lento durante 10 minutos, removiendo de vez en cuando, hasta que se reduzca y se espese.
3 Esparza el perejil por encima y sirva el guiso acompañado de una ensalada verde y unas rebanadas de pan crujiente.

BROQUETAS DE CERDO A LAS HIERBAS

Estas sabrosas broquetas se cocinan a la plancha, pero también pueden asarse a la barbacoa. El pollo está igual de delicioso preparado de esta forma. Necesitará 16 broquetas de metal.

4 bistecs de cerdo finos y deshuesados de unos 175 g cada uno, desgrasados y cortados en 4 tiras largas cada uno • 4 cucharadas de aceite de oliva • 2 dientes de ajo picados • 2 cucharadas de hojas de romero picadas • El zumo y la ralladura de 1 limón • Sal y pimienta negra

PARA SERVIR: ensalada de rúcula y pan árabe

1 Ensarte las tiras de carne de cerdo en forma de acordeón en las 16 broquetas, y colóquelas en un plato plano.
2 En un cuenco, mezcle 3 cucharadas del aceite de oliva con el ajo, el romero picado y el zumo y la ralladura del limón, y vierta la mezcla por encima de la carne. Sazone con una pizca de sal y pimienta, y deles la vuelta a las broquetas varias veces en la preparación hasta que estén cubiertas.
3 Caliente el aceite de oliva restante en una plancha grande a fuego fuerte. Haga las broquetas a la plancha durante 3 minutos por cada lado, hasta que estén cocidas (puede que tenga que hacerlo en 2 tandas). Sírvalas acompañadas de una ensalada de rúcula y pan árabe.

< LOMO DE CORDERO CON SALSA DE MORAS

La ácida confitura de moras y el dulce vinagre balsámico son un acompañamiento insólito para la carne de cordero, pero sus deliciosos sabores afrutados crean una salsa exquisita.

450 g de patatas nuevas pequeñas • 4 bistecs de cordero deshuesados de unos 175 g cada uno • 2 cucharadas de aceite de oliva • 1 cucharadita de hojas de tomillo • 4 cucharadas de vinagre balsámico • 2 cucharadas de confitura de moras, o al gusto • 15 g de mantequilla • 400 g de ramitos de brécol • 1 cucharada de perejil picado • Sal y pimienta negra

1 Cueza las patatas en una cacerola grande con agua con sal hirviendo durante 12-14 minutos o hasta que se ablanden, y escúrralas.
2 Mientras tanto, pincele el cordero con el aceite de oliva, salpiméntelo y espolvoréelo con el tomillo. Caliente una plancha grande a fuego medio-alto, y ase el cordero 2-3 minutos por lado o hasta que esté a su gusto.
3 Retire la sartén del fuego y añada, removiendo, el vinagre balsámico y la confitura con 2 cucharadas de agua. Baje el fuego y deje cocer a fuego lento 1 minuto, agregue la mantequilla, y remueva hasta que la salsa esté lustrosa, fina y homogénea.
4 Mientras el cordero y la salsa de moras se están cocinando, cueza el brécol al vapor 4-5 minutos, hasta que empiece a ablandarse.
5 Sirva el cordero con la salsa de moras, acompañado con las patatas y el brécol. Espolvoree con el perejil picado.

FILETE CON CREMA DE MARSALA Y MOSTAZA

El marsala, la crema y la mostaza en grano crean una salsa rápida de sabor delicioso para acompañar a la carne tierna de los filetes.

4 filetes de buey de unos 175 g cada uno • 4 cucharadas de aceite de oliva • 4 cucharadas de marsala o Jerez dulce • 150 ml de crema de leche espesa• 1 cucharada de mostaza en grano, o al gusto • 1 kg de hojas de espinaca lavadas • El zumo de ½ limón • Sal y pimienta negra

PARA SERVIR: panecillos chapata de tomates secados al sol

1 Pincele los filetes con la mitad del aceite de oliva y salpiméntelos. Caliente una plancha grande o una sartén grande a fuego fuerte. Haga los filetes a la plancha durante 2-3 minutos por cada lado o hasta que estén a su gusto. Retírelos de la plancha y manténgalos calientes.
2 Vierta el marsala en la plancha y raspe los restos que hayan quedado pegados con la ayuda de una cuchara de madera. Deje hervir a fuego medio durante 1 minuto y añada, removiendo, la crema y la mostaza. Sazone al gusto, y ponga de nuevo los filetes en el recipiente un momento, vertiéndoles la salsa por encima.
3 Mientras tanto, caliente a fuego fuerte el aceite de oliva restante en un wok o sartén grande. Saltee las espinacas durante 3-4 minutos, hasta que se ablanden. Elimine el exceso de líquido, agregue el zumo de limón y sazone al gusto.
4 Sirva los filetes con la salsa por encima, acompañados con las espinacas y los panecillos.

TRUCHA CON LENTEJAS Y ALIÑO TEMPLADO DE CÍTRICOS

Este plato se puede preparar con filetes de trucha ahumada, en cuyo caso sirva el aliño sin calentar.

150 ml de aceite de oliva virgen extra • El zumo de 1 naranja pequeña • El zumo de ½ limón • 1 cucharadita de miel líquida, como la de castaño • 1 escalonia picada • ½ bulbo de hinojo limpio y finamente picado • 8 filetes de trucha de unos 125 g cada uno • 800 g de lentejas de Puy o pardinas en conserva y escurridas • 1 cucharada de vinagre balsámico • 1 cucharada de hojas de perejil picadas • Sal y pimienta negra

PARA SERVIR: ensalada verde

1 Vierta dos tercios del aceite de oliva en un cazo. Añada los zumos de naranja y limón con la miel. Incorpore, removiendo, la escalonia y el hinojo, salpimiente, y cueza a fuego bajo hasta que se hayan calentado.
2 Sazone los filetes de trucha. Caliente 1 cucharada del aceite de oliva en una sartén grande a fuego medio. Fría la trucha 1 minuto por lado.
3 Mientras la trucha se está cocinando, ponga las lentejas en una cacerola mediana con el aceite de oliva restante y el vinagre balsámico. Ponga la cacerola a fuego bajo, removiendo de vez en cuando, hasta que se hayan calentado. Agregue el perejil picado.
4 Sirva los filetes de trucha encima de las lentejas con el aliño rociado por encima y acompañados de una ensalada verde.

ATÚN SOASADO CON SALSA DE TOMATES CEREZA Y ACEITUNAS

El atún se cocina muy rápido; de hecho, debe servirse rosado en el centro. Este plato es perfecto para una comida de fin de semana o para cenas y veladas, sin necesidad de pasarse horas en la cocina.

4 filetes de atún de unos 200 g • 4 cucharadas de aceite de oliva • 1 limón cortado en rodajas finas • 250 g de tomates cereza • Una pizca de azúcar blanquilla • 2 cucharadas de alcaparras en salmuera, escurridas y enjuagadas • 100 g de aceitunas negras deshuesadas • Sal y pimienta negra

PARA SERVIR: ensalada de berros y pan crujiente

1 Salpimiente el atún. Caliente la mitad del aceite de oliva en una sartén grande a fuego fuerte. Soase el atún durante 1-2 minutos por cada lado, dependiendo del grosor de los filetes (no cocine el pescado en exceso, ya que se seca enseguida). Retire el atún de la sartén, póngalo en un plato, tápelo para que se mantenga caliente y resérvelo.
2 Añada las rodajas de limón a la sartén y saltéelas durante 2-3 minutos, hasta que se caramelicen ligeramente. Incorpore, removiendo, los tomates, el azúcar, las alcaparras y las aceitunas, y cueza durante 5 minutos más, removiendo a menudo.
3 Ponga de nuevo el atún en la sartén y caliente durante 1 minuto. Sírvalo con la salsa, acompañado de una ensalada de berros y unas rebanadas de pan crujiente.

PESCADO CRUJIENTE CON SALSA DE AGUACATE

La sémola otorga una deliciosa textura crujiente y un color dorado a los filetes de pescado blanco (elija bacalao, eglefino o abadejo, o cualquier pescado que tenga buen aspecto y esté fresco). Una ensalada de hojas crujientes orientales, como la mizuna, la mostaza verde, el *pak choi* y el *tatsoi*, es una buena combinación para acompañar al pescado y a una salsa jugosa.

4 cucharadas de sémola fina • 4 filetes de pescado blanco firme de unos 175 g • 4 cucharadas de aceite de oliva virgen extra • Sal y pimienta negra
SALSA DE AGUACATE: 1 cebolla morada pequeña, cortada en dados • 2 tomates sin semillas y cortados en dados • 2 aguacates deshuesados y cortados en dados • El zumo de 1 lima • 1 manojo pequeño de hojas de cilantro cortados

PARA SERVIR: ensalada de hojas orientales y chapata

1 Ponga la sémola en un plato plano y salpimiente. Reboce los filetes de pescado por ambos lados en la sémola hasta que queden ligeramente cubiertos.
2 Caliente la mitad del aceite de oliva en una sartén grande a fuego medio. Fría el pescado 2 minutos por cada lado, hasta que se dore y esté cocido. Déjelo escurrir sobre papel de cocina.
3 Prepare la salsa. Ponga la cebolla, los tomates y los aguacates en un cuenco. Añada, removiendo, el aceite de oliva restante, junto con el zumo de lima y el cilantro picado, y sazone al gusto. Sirva los filetes con la salsa de aguacate, con una ensalada de hojas orientales y rebanadas de chapata.

< ENSALADA DE SALMÓN SOASADO CON HINOJO Y GUISANTES

El pomelo se suele tomar en el desayuno, pero en esta receta es la base de un delicioso aliño agridulce. Creo que su sabor ácido y un punto picante, que combina muy bien con esta ensalada de salmón, le sorprenderá agradablemente.

4 filetes de salmón sin piel de unos 175 g cada uno • 125 ml de aceite de oliva virgen extra • 2 bulbos de hinojo limpios y cortados en rodajas finas • 2 tallos de apio limpios y cortados en rodajas finas en diagonal • 300 g de tirabeques cortados por la mitad en diagonal • El zumo de 1 pomelo rosa • 1 cucharadita de miel líquida, o al gusto • Sal y pimienta negra

PARA SERVIR: pan de masa ácida

1 Salpimiente el salmón. Caliente 2 cucharadas del aceite de oliva en una sartén grande a fuego fuerte. Soase el salmón 3-4 minutos por cada lado, dependiendo de su grosor, hasta que esté cocido pero ligeramente opaco en el centro. Corte cada filete en tiras.
2 Mientras tanto, ponga el hinojo, el apio y los tirabeques en un cuenco para servir. Mezcle en otro cuenco el aceite de oliva restante con el zumo de pomelo y la miel, y sazone al gusto. Vierta el aliño sobre la ensalada y remueva.
3 Sirva la ensalada con el salmón colocado encima y acompañada de unas rebanadas de pan de masa ácida.

SALMÓN A LA PLANCHA CON ESPINACAS AL COCO

Los suculentos filetes de salmón combinan estupendamente con las cremosas espinacas bañadas en crema de coco.

4 filetes de salmón de unos 175 g cada uno • 3 cucharadas de aceite de oliva • El zumo de 1 limón pequeño • 2 dientes de ajo cortados en rodajas • 800 g de hojas tiernas de espinacas • 100 ml de crema de coco en conserva • ½ cucharadita de pasta de curry suave • Sal y pimienta negra

PARA SERVIR: *naan*

1 Salpimiente los filetes de salmón. Caliente 2 cucharadas del aceite de oliva en una plancha grande a fuego medio-alto. Ase el salmón a la plancha durante 3-4 minutos por cada lado, dependiendo del grosor de los filetes, hasta que esté cocido pero ligeramente opaco en el centro. Rocíe los filetes con un chorrito de zumo de limón.
2 Mientras tanto, caliente el aceite de oliva restante en un wok o en una sartén grande a fuego medio. Saltee el ajo durante 1 minuto. Añada las espinacas y saltee durante 1-2 minutos más, hasta que empiecen a ablandarse.
3 En un cuenco, mezcle la crema de coco y la pasta de curry, y vierta la preparación sobre las espinacas. Remueva hasta que se haya incorporado y saltee durante 2 minutos, hasta que se haya calentado, y sazone al gusto. Sirva el salmón acompañado de las espinacas al coco y unos *naan*.

HUEVOS AL HORNO EN COPAS DE SALMÓN AHUMADO

El huevo y el salmón ahumado combinan a la perfección. Esta receta constituye una cena tan sencilla como apetecible.

15 g de mantequilla ablandada • 4 lonchas grandes de salmón ahumado • 4 huevos grandes • 4 cucharadas colmadas de queso mascarpone • Sal y pimienta negra recién molida

PARA SERVIR: ensalada de espinacas y pan de semillas

1 Precaliente el horno a 200 °C.
2 Engrase con la mantequilla 4 moldes ramequín grandes y forre cada uno con una loncha de salmón ahumado.
3 Casque un huevo en cada molde ramequín. Coloque una cucharada de queso mascarpone encima de cada uno de los huevos de manera uniforme y salpimiente. Hornee durante 10 minutos o hasta que los huevos hayan cuajado ligeramente. Sirva las copas de salmón acompañadas de una ensalada de espinacas y unas rebanadas de pan de semillas.

PESCADO EN CALDO DE GUINDILLA >

Pescado cocido en un caldo ligero y picante, coronado con unas alcaparras crujientes... ¡Delicioso!

4 cucharadas de aceite de oliva • 1 cebolla picada • ½ bulbo de hinojo picado • 1 cucharadita de guindilla seca en copos • 600 ml de caldo vegetal • 400 g de tomates troceados en conserva tamizados • 1 puñado de hojas de perejil picadas • 4 filetes de pescado blanco pelados, como el bacalao o el eglefino, de unos 175 g cada uno • 2 cucharadas de alcaparras en salmuera escurridas y enjuagadas • Sal y pimienta negra recién molida

PARA SERVIR: pan crujiente

1 Caliente 2 cucharadas del aceite de oliva en una sartén honda grande a fuego medio. Fría la cebolla junto con el hinojo durante 3 minutos, hasta que se ablanden. Añada, removiendo, los copos de guindilla.
2 Incorpore el caldo, los tomates y tres cuartos del perejil picado a la sartén, y salpimiente. Lleve a ebullición y cueza a fuego fuerte durante 3 minutos, removiendo de vez en cuando.
3 Ponga el pescado en la sartén. Baje el fuego y cueza durante 4-5 minutos, dependiendo de su grosor, hasta que empiece a estar cocido.
4 Mientras tanto, caliente el aceite de oliva restante en una sartén pequeña y agregue las alcaparras. Fríalas 2 minutos a fuego medio, hasta que se doren y estén crujientes. Escúrralas sobre papel de cocina.
5 Disponga un filete de pescado en cada uno de los 4 cuencos para sopa y vierta el caldo. Coloque las alcaparras, espolvoree con el perejil picado restante y acompañe con pan crujiente.

PIADINA DE SARDINAS

La *piadina* es un pan plano típico de la región italiana de Emilia Romagna, aunque las tortillas de trigo son un buen sustituto. Pida en la pescadería que le limpien y preparen las sardinas.

8 sardinas sin espinas y abiertas • 3 cucharadas de aceite de oliva • El zumo de 1 limón • 4 *piadine* pequeñas o tortillas de trigo • 1 cebolla morada cortada en rodajas finas • 12 tomates cereza cortados por la mitad • 1 puñado de aceitunas negras deshuesadas • 1 puñado pequeño de hojas de perejil picadas • Sal y pimienta negra

PARA SERVIR: cuartos de limón y ensalada de hojas y hierbas variadas

1 Precaliente el grill del horno a temperatura alta.
2 Ponga las sardinas, con el lado de la piel hacia abajo, en la parrilla del horno, y rócielas con aceite de oliva y la mitad del zumo de limón. Cocínelas bajo el grill durante 3-4 minutos, hasta que estén cocidas, retírelas de la parrilla del horno y manténgalas calientes.
3 Ponga las *piadine* o las tortillas bajo el grill durante 1 minuto, hasta que se calienten.
4 Esparza la mitad de la cebolla sobre las *piadine* calientes y coloque encima los tomates y las aceitunas. Corone con los filetes de sardina y rócielos con el zumo de limón restante. Salpimiente. Remate esparciendo por encima la cebolla restante y espolvoreando con el resto del perejil picado. Sirva las *piadine* acompañadas de unos cuartos de limón y una ensalada de hojas y hierbas variadas.

SALMÓN ESPECIADO EN SOPA *MISO* CON FIDEOS

Utilice su curry suave en polvo preferido en esta receta, ya que uno demasiado picante anularía los delicados sabores del salmón y de la sopa *miso*. En ocasiones aderezo este plato con las crujientes escalonias fritas que se pueden encontrar en las tiendas de comida oriental.

3 cucharadas de harina de trigo • 1 cucharada de curry suave en polvo • 4 filetes de salmón de unos 175 g cada uno • 1 clara de huevo batida • 4 cucharadas de aceite de girasol • 3 cucharadas de pasta de *miso* • 2 tallos de apio cortados en rodajas diagonales • 1 manojo de cebollas tiernas, cortadas en rodajas en diagonal • 1 guindilla roja pequeña sin semillas y cortada en rodajas finas • 250 g de fideos de huevo secos • 1 puñado de hojas de cilantro picadas • Sal y pimienta negra

1 Mezcle la harina y el curry en polvo en un plato plano y salpimiente. Pincele ligeramente los filetes de salmón con la clara de huevo y rebócelos por ambos lados en la harina especiada.
2 Caliente el aceite de girasol en una sartén grande a fuego medio. Fría el salmón durante 3-4 minutos por lado, dependiendo del grosor de los filetes, hasta que esté cocido pero ligeramente opaco en el centro.
3 Mientras tanto, en una cacerola grande, mezcle la pasta de *miso* con 900 ml de agua hirviendo. Añada el apio, las cebollas y la guindilla, y lleve a ebullición. Incorpore los fideos, remueva y cuézalos durante 3-4 minutos o hasta que se ablanden. Agregue, removiendo, el cilantro picado. Sirva la sopa *miso* con fideos con los filetes de salmón encima.

LANGOSTINOS EN *CHERMOULA*

La marinada especiada de esta receta es una pasta de especias de Oriente Medio. También va bien para macerar pollo y pescado.

300 g de cuscús • 500 ml de caldo vegetal • 2 cucharadas de hojas de perejil picadas • 3 cucharadas de semillas de comino • 1 cucharada de semillas de cilantro • 1 cucharada de pimentón y una de jengibre molido • Una pizca de guindilla en copos, o al gusto • 2 dientes de ajo pelados • 6 cucharadas de aceite de oliva • El zumo de 2 limones • 1 cucharadita de azúcar blanquilla • 1 kg de langostinos crudos pelados • Sal y pimienta negra

PARA SERVIR: ensalada variada

1 Ponga el cuscús en un cuenco y vierta el caldo caliente por encima hasta cubrirlo. Remuévalo, tápelo y déjelo reposar durante 4-5 minutos, hasta que haya absorbido el caldo. Separe los granos con un tenedor, y añada el perejil picado. Deje reposar unos minutos.

2 Mientras tanto, tueste las semillas de comino y de cilantro sin aceite en una sartén grande 1 minuto, hasta que desprendan un ligero aroma, y póngalas en una batidora. Añada el resto de especias, el ajo y 2 cucharadas del aceite de oliva, y bata hasta obtener una pasta. Mezcle con el zumo de limón y el azúcar, y salpimiente.

3 Ponga los langostinos en un cuenco y remueva con la pasta de especias hasta que queden cubiertos.

4 Caliente el aceite de oliva restante en la sartén a fuego medio. Fría los langostinos 3-4 minutos, hasta que estén rosados. Déjelos escurrir sobre papel de cocina, y sírvalos con el cuscús y una ensalada.

CURRY TAILANDÉS DE LANGOSTINOS Y PIÑA

Los jugosos langostinos combinan muy bien con la piña dulce, el coco cremoso y las judías verdes crujientes en este aromático curry.

250 g de arroz jazmín • 2 cucharadas de aceite de oliva • 2 dientes de ajo picados • 1 cebolla finamente picada • 150 ml de crema de coco en conserva • 150 ml de caldo vegetal • 1 cucharada de pasta de curry tailandés • 1-2 cucharadas de ketchup • 100 g de judías verdes preparadas • 450 g de langostinos cocidos y pelados • 225 g de trozos de piña en conserva al natural escurridos • 1 puñado de hojas de cilantro picadas • Sal y pimienta negra

1 Ponga el arroz en una cacerola mediana y cúbralo con 600 ml de agua. Lleve a ebullición y baje el fuego a suave, tape y deje cocer a fuego lento entre 10-12 minutos, hasta que el arroz esté cocido y haya absorbido el agua.

2 Mientras tanto, caliente el aceite de oliva en una cacerola grande a fuego medio. Fría la cebolla con el ajo durante 2 minutos, y añada, removiendo, la crema de coco, el caldo, la pasta de curry y el ketchup.

3 Agregue las judías verdes y cueza durante 2 minutos. Mezcle con los langostinos y la piña, salpimiente y cueza durante 3 minutos, hasta que la salsa haya reducido y espesado. Añada, removiendo, el cilantro picado y sirva el curry acompañado con el arroz jazmín.

LANGOSTINOS A LA CRIOLLA

Estos crujientes langostinos rebozados en coco forman una deliciosa combinación con la especiada salsa criolla.

300 g de cuscús de grano grande • 1 cucharadita de semillas de comino • 125 ml de aceite de girasol • 1 cebolla pequeña finamente picada • 1 diente de ajo picado • 400 g de tomates troceados en conserva • 2 cucharadas de azúcar moreno de caña oscuro • 1 cucharadita de orégano seco • ½ cucharadita de guindilla en polvo • 1 kg de langostinos crudos, pelados y con cola • 1 clara de huevo batida • 150 g de coco rallado seco • Sal y pimienta negra

PARA SERVIR: ensalada verde crujiente

1 Cueza el cuscús en una cacerola mediana con agua hirviendo durante 6-8 minutos, hasta que se ablande. Escúrralo y resérvelo, tapado, hasta servir.
2 Mientras tanto, tueste las semillas de comino sin aceite en una sartén 30 segundos.
3 Vierta 2 cucharadas de aceite de girasol en la sartén, añada el ajo y la cebolla, y fríalos a fuego medio-fuerte durante 30 segundos. Añada los tomates, el azúcar, el orégano y la guindilla. Salpimiente.
4 Lleve a ebullición y deje cocer a fuego medio-bajo 10 minutos hasta que la salsa se haya reducido.
5 Mientras cocina la salsa criolla, sumerja los langostinos en la clara de huevo y rebócelos en el coco rallado hasta cubrirlos.
6 Caliente el aceite restante en una sartén honda grande a fuego medio. Fría los langostinos 3-4 minutos, dándoles una vuelta, hasta que se doren. Déjelos escurrir sobre papel de cocina y espolvoréelos con una pizca de sal.
7 Sirva los langostinos acompañados de la salsa criolla, el cuscús y una ensalada verde crujiente.

ENSALADA TEMPLADA DE QUESO DE CABRA Y MANZANA CARAMELIZADA

Esta combinación es más interesante que un simple maridaje de jugosa manzana con queso, especialmente cuando la primera está caramelizada en mantequilla y miel, y el segundo es un fuerte y picante queso de cabra.

30 g de mantequilla • 2 manzanas firmes sin corazón y cortadas en rodajas • 2 cucharadas de miel líquida • 3 cucharadas de vinagre de manzana • 4 cucharadas de aceite de oliva virgen extra • 4 puñados de hojas de rúcula • 450 g de queso de cabra en rulo (o similar) desmenuzado • 1 puñado pequeño de nueces partidas • Sal y pimienta negra

PARA SERVIR: pan de centeno

1 Derrita la mantequilla en una sartén a fuego medio. Saltee las manzanas con una pizca de sal durante 3-4 minutos, hasta que se ablanden. Añada la miel y deje hervir 1 minuto, hasta que las manzanas se caramelicen. Retire la sartén del fuego y agregue, removiendo, el vinagre de manzana y el aceite de oliva.

2 Ponga en un cuenco la rúcula, el queso de cabra y las nueces, y remueva. Ponga la ensalada en 4 platos para servir, agregue las manzanas, vertiendo por encima el jugo que haya quedado en la sartén, y salpimiente. Sirva con unas rebanadas de pan de centeno.

TARTALETAS DE *FILO* TRES QUESOS

Estas tartaletas ligeras, doradas y crujientes son fáciles y rápidas de preparar. Si le apetece experimentar, pruebe su propia combinación favorita de quesos y sustituya los tomates secados al sol por alcachofas o setas en aceite.

8 cuadrados de 15 cm de pasta *filo* • 40 g de mantequilla derretida • 150 g de gruyère rallado • 75 g de parmesano rallado • 115 g de mascarpone • 12 tomates secados al sol en aceite, escurridos y troceados • 8 hojas de albahaca • Sal y pimienta negra

PARA SERVIR: *chutney* de frutas, ensalada de hierbas variadas y pan crujiente

1 Precaliente el horno a 200 °C.
2 Ponga dos cuadrados de *filo* juntos, uno encima del otro, en ángulo formando una estrella. Pincélelos con la mantequilla derretida y colóquelos con el lado untado hacia abajo en un molde para budín (con grandes orificios). Repita el proceso para preparar tres tartaletas más. Pincélelas con un poco de mantequilla derretida y hornéelas durante 3-4 minutos, hasta que se doren y estén crujientes.
3 Mientras tanto, mezcle los tres quesos en un cuenco grande y añada, removiendo, los tomates secados al sol y la albahaca. Salpimiente. Reparta la preparación entre las 4 tartaletas de *filo* y hornéelas durante 3-4 minutos más, hasta que el queso se derrita y se dore.
4 Sirva las tartaletas enseguida con una cucharada de *chutney*, una ensalada de hierbas variadas y pan crujiente.

CAMEMBERT EN CAJITA AL HORNO

Este plato es una *fondue* de queso en una cajita…, pero es mucho más sencilla de preparar y es perfecta para compartir. Como alternativa, sírvala en platos acompañada con una ensalada de rúcula.

2 camembert enteros en cajita de madera • 4 dientes de ajo cortados en láminas finas • 16 ramitas tiernas pequeñas de tomillo • 6 cucharadas de vino blanco seco • 4 cucharadas de aceite de oliva virgen extra • Pimienta negra

PARA SERVIR: pan de masa ácida o pan rústico y crudités de verduras

1 Precaliente el horno a 200 °C.
2 Saque cada camembert de la cajita y quítele el envoltorio. Con la punta de un cuchillo afilado, haga unos cortes superficiales en el queso. Inserte una lámina de ajo y una ramita pequeña de tomillo en cada corte. Ponga los quesos en sus cajitas.
3 Vierta el vino sobre el queso y sazone con abundante pimienta. Coloque las cajitas en una placa para hornear y hornee los quesos durante 6-8 minutos, hasta que se ablanden y se derritan por dentro. Sirva el camembert en la cajita, acompañado con unas rebanadas de pan rústico y unas crudités de verduras.

PASTA CON PARMESANO DE POBRE

En Italia, las crujientes migas de pan fritas se utilizaban tradicionalmente como un sustituto económico del parmesano para los que no podían permitirse comprarlo. Creo que son una estupenda alternativa.

450 g de macarrones secos • 4 cucharadas de aceite de oliva virgen extra • 100 g de migas de pan blanco frescas • 250 g de mascarpone • La ralladura de 2 limones • Sal y pimienta negra

PARA SERVIR: ensalada verde

1 Lleve a ebullición agua con sal en una cacerola grande y cueza los macarrones durante 10 minutos o hasta que estén *al dente*.
2 Mientras tanto, caliente el aceite de oliva en una sartén grande a fuego medio. Fría las migas durante 2-3 minutos, hasta que se doren. Retire la sartén del fuego y sazone las migas con una pizca de sal. Resérvelas.
3 En un cuenco, mezcle el mascarpone y la ralladura de limón, y sazone con una pizca de pimienta.
4 Escurra la pasta, póngala en la cacerola, añada el mascarpone al limón y vuelva a poner la cacerola al fuego hasta que se haya calentado. Sirva los macarrones con las migas doradas esparcidas por encima y acompañados de una ensalada verde.

CAVATAPPI CON PESTO DE GUISANTES Y MENTA FRESCA >

Los *cavatappi* («sacacorchos») son espirales de pasta que resultan deliciosos con este pesto casero.

450 g de *cavatappi* secos • Sal y pimienta negra
PESTO DE GUISANTES Y MENTA: 300 g de guisantes congelados • 4 cucharadas de aceite de oliva virgen extra • 2 dientes de ajo picados • 100 g de almendras blanqueadas picadas • 100 g de queso parmesano rallado, más queso adicional para servir • 5-6 hojas de menta • Una pizca de azúcar

PARA SERVIR: ensalada variada

1 Lleve a ebullición agua con sal en una cacerola grande y cueza los *cavatappi* durante 10 minutos o hasta que estén *al dente*.
2 Mientras tanto, cueza los guisantes en una cacerola mediana con agua con sal hirviendo durante 2-3 minutos, hasta que se ablanden. Escúrralos y póngalos en la batidora. Añada el aceite de oliva, el ajo y las almendras picadas, y bata la mezcla hasta obtener una pasta de textura gruesa. Agregue el parmesano rallado y la menta, bata de nuevo y sazone con una pizca de azúcar, sal y pimienta.
3 Escurra la pasta, póngala en la cacerola, incorpore, removiendo, el pesto y vuelva a poner la cacerola al fuego hasta que se haya calentado. Sirva los *cavatappi* espolvoreados con parmesano rallado adicional, si lo desea, y acompañados de una ensalada variada.

SOPA
MINESTRONE

Las bolsas de verduras variadas congeladas constituyen un magnífico recurso para tener a mano, ya que son una gran ayuda si dispone de poco tiempo, y, además, son saludables.

2 cucharadas de aceite de oliva • 1 cebolla picada • 450 g de verduras variadas congeladas • 600 ml de caldo vegetal • 400 g de tomates troceados en conserva • 200 g de pasta seca pequeña, como *ditaline*, lacitos o fideos • 400 g de alubias blancas en conserva, escurridas y enjuagadas • 1 puñado pequeño de hojas de perejil picadas • Sal y pimienta negra

PARA SERVIR: pan rústico

1 Caliente el aceite de oliva en una cacerola grande a fuego medio. Fría la cebolla durante 2 minutos, hasta que se ablande. Añada las verduras y el caldo, y lleve a ebullición. Agregue, removiendo, los tomates, salpimiente y cueza durante 2-3 minutos.
2 Incorpore la pasta y las alubias, vuelva a llevar casi al punto de ebullición y cueza durante 8 minutos, removiendo de vez en cuando, hasta que la pasta esté *al dente* y la sopa se haya espesado. Añada, removiendo, el perejil picado y sirva la sopa acompañada de unas rebanadas de pan rústico.

SOPA ESPECIADA
DE COCO Y GARBANZOS

Esta sopa sustanciosa y reconfortante constituye una estupenda cena para una fría noche invernal.

2 cucharadas de aceite de oliva • 2 dientes de ajo picados • 1 cebolla picada • 1 tallo de apio finamente picado • 150 ml de crema de coco en conserva • 600 ml de caldo vegetal • 400 g de garbanzos en conserva escurridos • 2 puñados grandes de hojas tiernas de espinaca • 1 guindilla roja larga, sin semillas y cortada en tiras

1 Caliente el aceite de oliva en una cacerola grande a fuego medio. Fría el ajo, la cebolla y el apio durante 3 minutos, hasta que se ablanden.
2 Añada la crema de coco y el caldo, y remueva hasta que se hayan mezclado. Lleve a ebullición, y deje cocer a fuego lento durante 2 minutos.
3 Incorpore los garbanzos y cueza a fuego lento durante 5 minutos, hasta que la sopa se haya reducido y espesado. Agregue, removiendo, las espinacas y la guindilla, y cueza durante 2 minutos más, hasta que las espinacas se ablanden. Sirva inmediatamente.

SOPA DE *MISO* Y *TOFU* CON *WONTON*

Los crujientes *wonton* fritos son una guarnición insólita para esta sencilla sopa. Puede que tenga que ajustar la cantidad de pasta de *miso*, ya que algunas son más concentradas. Cuanto más claro sea el color del *miso*, más suave será su sabor.

3-4 cucharaditas colmadas de pasta *miso* oscura • 1 manojo pequeño de cebollas tiernas picadas • 1 trozo de 5 cm de jengibre fresco, pelado y cortado en rodajas finas • 200 g champiñones cortados en rodajas • 1 cogollo de col china cortado en tiras • 450 g de *tofu* firme, escurrido y cortado en dados • 6 cucharadas de aceite de girasol • 4 obleas de *wonton* cortada en tiras finas

1 En una cacerola grande, vierta 900 ml de agua hirviendo, y añada, removiendo, la pasta *miso*. Agregue las cebollas, el jengibre y los champiñones, y vuelva a hervir la sopa.

2 Incorpore la col china y el *tofu* y deje cocer a fuego lento durante 3 minutos, hasta que la col se ablande y el *tofu* se haya calentado.

3 Ponga un wok o una sartén grande al fuego con el aceite de girasol hasta que esté muy caliente. Fría las tiras de *wonton* durante 2 minutos o hasta que estén doradas y crujientes. Déjelas escurrir sobre papel de cocina. Sirva la sopa con las tiras de *wonton* encima.

AHORA QUE HA PODIDO COMPROBAR
(Y ESPERO QUE TAMBIÉN PROBAR)
EN LOS CAPÍTULOS ANTERIORES
LOS EXTRAORDINARIOS PLATOS QUE
SE PUEDEN PREPARAR EN TAN CORTO
ESPACIO DE TIEMPO, ¡VEINTE
MINUTOS LE PARECERÁN TODO UN
LUJO! EN ESTA SECCIÓN HE INCLUIDO
UN *COLOMBO* DE MARISCOS SURTIDOS
CARIBEÑO, UN CORDERO SALTEADO
TAILANDÉS Y UNA SENCILLA *FONDUE*
DE QUESO SUIZA.

PLATOS LISTOS

EN VEINTE

MINUTOS

POLLO CON COSTRA DE GREMOLATA A LA PLANCHA

La *gremolata* es la guarnición clásica italiana del *ossobucco* (ternera guisada lentamente), que se puede comer con otros platos.

450 g de patatas nuevas pequeñas • 15 g de mantequilla • 4 pechugas de pollo deshuesadas y peladas de unos 175 g cada una • 2 dientes de ajo picados • 1 puñado de hojas de perejil picadas • La ralladura de 2 limones • 2 cucharadas de aceite de oliva • Sal y pimienta negra

PARA SERVIR: ensalada variada

1 Cueza las patatas en una cacerola grande con agua hirviendo con sal durante 12-15 minutos o hasta que se ablanden. Escúrralas, póngalas a la cacerola, añada la mantequilla y remueva hasta mezclar bien.
2 Mientras las patatas se están cociendo, utilice un rodillo o un mazo para carne para aplanar ligeramente las pechugas de pollo.
3 En un cuenco, mezcle el ajo, el perejil picado y tres cuartos de la ralladura de limón, y salpimiente. Esparza la preparación sobre las pechugas de pollo y presiónela firmemente sobre la carne hasta que quede bien cubierta.
4 Caliente el aceite de oliva en una plancha grande a fuego medio-alto. Haga las pechugas de pollo a la plancha durante 3-4 minutos por cada lado hasta que estén cocidas. Esparza la ralladura de limón restante por encima y sírvalas con las patatas y una ensalada de hojas variadas.

POLLO CRUJIENTE DE DOBLE COCCIÓN CON COL AL SÉSAMO

Me encanta esta combinación de sabores dulces, salados y especiados con las pechugas de pollo.

600 ml de caldo de pollo • 4 pechugas de pollo deshuesadas • 2 cucharadas de harina de trigo • 2 cucharaditas de azúcar moreno oscuro • 2 cucharaditas de jengibre molido • 4 cucharadas de aceite de girasol • 250 g de fideos de huevo secos • 2 cucharadas de aceite de sésamo • 1 col con las hojas en tiras • 4 cucharadas de semillas de sésamo • Sal y pimienta negra recién molida

1 Hierva el caldo en una cacerola. Añada el pollo y cuézalo durante 5 minutos.
2 Mezcle la harina, el azúcar y el jengibre en un cuenco, y salpimiente. Retire las pechugas de la cacerola y desmenúcelas en tiras con la ayuda de dos tenedores. Rebócelas en la mezcla de harina.
3 Caliente la mitad del aceite de girasol en un wok o sartén grande a fuego medio-alto. Fría las tiras de pollo durante 3-4 minutos, dándoles la vuelta una vez, hasta que se doren. Déjelas escurrir sobre papel de cocina y manténgalas calientes.
4 Lleve a ebullición agua con sal en una cacerola grande y cueza los fideos durante 3-4 minutos o hasta que se ablanden. Escúrralos, póngalos en la cacerola, agregue el aceite de sésamo y remueva.
5 Mientras tanto, caliente el aceite de girasol restante en un wok o sartén grande. Saltee la col junto con las semillas de sésamo de 3-4 minutos, hasta que la col empiece a ablandarse, y sazone al gusto. Sirva las tiras de pollo con la col y los fideos.

ESCALOPES DE POLLO CON SALSA DE TOMATE ENRIQUECIDA

La combinación de pollo dorado y salsa de tomate impregnada del aroma de la albahaca es muy popular en mi casa, y espero que en la suya.

4 cucharadas de harina de trigo • 4 escalopes de pollo de unos 175 g cada uno • 4 cucharadas de aceite de oliva • Sal y pimienta negra recién molida
SALSA DE TOMATE: 3 cucharadas de aceite de oliva • 1 cebolla finamente picada • 2 dientes de ajo picados • 400 g de tomates troceados en conserva • 2 cucharaditas de azúcar blanquilla • 1 puñado de hojas de albahaca troceadas

PARA SERVIR: ensalada de berros y pan crujiente

1 Para preparar la salsa de tomate, caliente el aceite de oliva en una cacerola mediana a fuego medio. Fría la cebolla con el ajo durante 2 minutos, hasta que se ablanden.
2 Añada los tomates y el azúcar, y salpimiente. Lleve a ebullición y deje cocer a fuego lento durante 10-15 minutos, hasta que la salsa se vuelva brillante y espese. Agregue, removiendo, la albahaca.
3 Mientras tanto, extienda la harina en un plato plano y salpimiente. Reboce los escalopes de pollo en la harina sazonada, eliminando el exceso.
4 Caliente el aceite de oliva en una sartén grande. Fría las pechugas de pollo unos 4 minutos por cada lado, hasta que se doren y estén cocidas. Sírvalas acompañadas con la salsa de tomate, una ensalada de berros y unas rebanadas de pan crujiente.

SOPA DE POLLO ESPECIADA BALINESA

Esta aromática sopa se basa en un plato que probé en Bali. La cocina balinesa utiliza pastas de especias aromáticas como base de sus platos, si bien las cantidades de los condimentos utilizados varían. Por ello, siéntase libre de experimentar, en función de si desea que el plato sea más suave o más picante.

2 escalonias picadas • 1 tallo de limoncillo finamente picado • 1 trozo de 2,5 cm de jengibre fresco, pelado y picado • 1 diente de ajo picado • 1 cucharada de azúcar de palma o azúcar moreno de caña • 2 guindillas rojas pequeñas • 1 puñado pequeño de anacardos o de nueces de macadamia • 2 cucharadas de aceite de girasol • 450 g de carne de pollo picada • 1 litro de caldo de pollo • 3 hojas de lima kaffir cortadas en tiras

1 Ponga las escalonias, el limoncillo, el jengibre, el ajo, el azúcar y 1 guindilla en un robot de cocina, y bata la mezcla hasta obtener una pasta. Añada los anacardos y bata de nuevo hasta obtener una pasta de textura gruesa.
2 Caliente el aceite de girasol en una cacerola grande a fuego fuerte. Fría la pasta durante 30 segundos, removiendo sin cesar.
3 Incorpore la carne picada y saltee durante 2-3 minutos más, hasta que la carne empiece a tomar color. Vierta el caldo en la cacerola, lleve a ebullición, baje el fuego y deje cocer a fuego lento durante unos 12 minutos, hasta que la carne esté cocida.
4 Mientras tanto, corte la guindilla restante en rodajas finas. Agregue, removiendo, las hojas de lima a la sopa y esparza la guindilla por encima antes de servir.

ESPIRALES CON SALCHICHA Y VINO TINTO

Cueza la pasta durante menos tiempo del indicado en el envase y acabe de cocerla en la salsa para que, de este modo, los intensos sabores impregnen las espirales.

2 cucharadas de aceite de oliva • 2 dientes de ajo cortados en rodajas • 6 salchichas de cerdo de calidad, sin la piel y desmenuzadas • 300 ml de vino tinto • ½ cucharadita de azúcar blanquilla • 4 ramitas de tomillo • 500 g de espirales secas • Sal y pimienta negra recién molida • Parmesano rallado para servir

PARA SERVIR: ensalada verde

1 Caliente a fuego medio el aceite de oliva en una sartén para saltear honda grande. Añada el ajo con la carne de salchicha desmenuzada y fría durante 5 minutos, dándole la vuelta a la carne a menudo, o hasta que se dore.
2 Vierta el vino en la sartén y agregue el azúcar y el tomillo. Lleve a ebullición, baje el fuego y deje cocer a fuego lento durante 10 minutos, hasta que el vino se haya reducido. Salpimiente.
3 Mientras tanto, lleve a ebullición agua con sal en una cacerola grande. Cueza las espirales durante 2 minutos menos de los indicados en el envase, hasta que esté casi *al dente*.
4 Con una espumadera, pase la pasta a la sartén para saltear. Remueva y saltee durante 2 minutos más o hasta que la pasta esté *al dente*. Espolvoree las espirales con parmesano rallado y sírvalas acompañadas de una ensalada verde.

ENSALADA DE JAMÓN CRUJIENTE CON ALIÑO DE MOSTAZA Y MIEL

Este plato es una buena forma de aprovechar los restos de una pieza de jamón cocido. Pida que le corten las lonchas muy gruesas.

4 cucharadas de harina de trigo • 450 g de pedazos o lonchas gruesas de jamón cocido, cortado en tiras • 4 cucharadas de aceite de girasol • 8 rebanadas de chapata • 4 puñados de hojas de ensalada variadas • 1 puñado de tomates cereza cortados por la mitad • ½ pepino cortado en rodajas • 4 cebollas tiernas cortadas en rodajas • 1 zanahoria cortada en tiras
ALIÑO DE MOSTAZA Y MIEL: 200 ml de crema de leche espesa • 1 cucharada de mostaza en grano • 1 cucharada de miel líquida, como la de castaño • Sal y pimienta negra recién molida

1 Ponga la harina en una bolsa de plástico y salpimiente. Introduzca el jamón y agite hasta que quede rebozado.

2 Caliente el aceite de girasol en una sartén grande a fuego fuerte. Fría las tiras de jamón de 3-4 minutos, hasta que se doren y estén crujientes. Escúrralas sobre papel de cocina.

3 Prepare el aliño. En un cuenco, mezcle la crema, la mostaza y la miel. Si la mezcla está demasiado espesa, agregue un poco de agua y sazone al gusto.

4 Ponga una plancha al fuego hasta que esté caliente. Ponga las rebanadas de chapata en la plancha durante 2 minutos por lado, hasta que se tuesten.

5 Disponga las hojas de ensalada en platos y coloque encima los tomates, el pepino, las cebollas, la zanahoria y el jamón. Rocíe con el aliño y sirva la ensalada con las tostadas de chapata.

CROSTATA DE QUESO Y JAMÓN SERRANO

Es esencial precalentar el horno para que el hojaldre se hornee rápidamente. Si prefiere una masa de hojaldre más fina, utilice pasta brisa ya extendida.

375 g de pasta de hojaldre extendida • 2 huevos batidos • 100 g de parmesano rallado • 100 g de jamón serrano en pedazos • 50 g de queso taleggio cortado en dados

PARA SERVIR: ensalada de tomate y rúcula

1 Precaliente el horno a 220 °C.

2 Extienda la masa de hojaldre en una bandeja de horno grande y doble los extremos hacia arriba para formar un borde levantado de 1 cm.

3 En un cuenco, bata los huevos con el parmesano rallado y vierta la mezcla sobre la pasta de hojaldre, extendiéndola uniformemente hasta el borde. Esparza el jamón serrano y el queso taleggio por encima. Introduzca la bandeja en el horno y hornee durante 10-12 minutos, hasta que el hojaldre se dore y esté cocido. Sirva la *crostata* acompañada de una ensalada de tomate y rúcula.

PIÑA CON CERDO Y SALSA DE SOJA DULCE

El filete de lomo de cerdo es suculento y muy versátil. En esta receta lo he combinado con unos jugosos dados de piña y una exquisita salsa oscura.

250 g de arroz de grano largo de cocción rápida • 2 cucharadas de salsa de soja oscura • 2 cucharadas de miel líquida • 2 cucharadas de vino Shaoxing o de Jerez seco • 150 ml de caldo de carne o vegetal • 2 cucharaditas de maicena • 2 cucharadas de aceite de girasol • 450 g de filete de lomo de cerdo desgrasado y en lonchas • 2 dientes de ajo en rodajas• 150 g de anacardos sin sal • 150 g de piña fresca en dados

1 Ponga el arroz en una cacerola mediana y cúbralo con 600 ml de agua. Lleve a ebullición, baje el fuego, tape y deje cocer a fuego lento durante 10 minutos o hasta que el arroz esté cocido y haya absorbido el agua. Retire la cacerola y deje reposar, tapado, hasta el momento de servir.

2 Mientras el arroz se está cociendo, mezcle en un cuenco la salsa de soja, la miel, el vino Shaoxing y el caldo. En otro cuenco, mezcle la maicena con un poco de agua hasta obtener una pasta e incorpórela a la mezcla de salsa de soja. Reserve.

3 Caliente el aceite de girasol en un wok o sartén grande a fuego fuerte. Saltee la carne con el ajo durante 5-6 minutos, hasta que se dore.

4 Añada los anacardos y saltee 2 minutos más. Agregue, removiendo, la piña y saltee de 3-4 minutos más, hasta que se haya calentado.

5 Baje un poco el fuego y vierta la mezcla de salsa de soja en la sartén. Cueza durante unos 2 minutos, removiendo, hasta que la salsa espese. Sirva el cerdo salteado con el arroz.

SOUVLAKI CON TZATZIKI DE YOGUR, AJO Y CILANTRO

Estos *souvlaki* (broquetas de cordero) se sirven acompañados con la clásica *tzatziki* de yogur con ajo griego. Necesitará 8 broquetas que quepan en la plancha.

450 g de carne magra de cordero picada • 1 cebolla finamente picada • 1 diente de ajo finamente picado • 3 cucharadas de salsa Worcestershire • 2 cucharadas de aceite de oliva • Sal y pimienta negra

***TZATZIKI* DE YOGUR, AJO Y CILANTRO:**
600 ml de yogur natural espeso de leche entera • 2 dientes de ajo picados • 1 puñado de hojas de cilantro picadas

PARA SERVIR: pan pita y una ensalada variada

1 Mezcle en un cuenco la carne de cordero picada con la cebolla, el ajo y la salsa Worcestershire, y salpimiente. Divida la mezcla en ocho porciones y amáselas en forma de salchicha larga alrededor de las broquetas.

2 Caliente una plancha grande a fuego medio-alto. Pincele las broquetas de cordero con el aceite de oliva y hágalas a la parrilla durante 3-4 minutos por cada lado, hasta que estén cocidas (puede que tenga que hacerlo en 2 tandas).

3 Mientras tanto, para preparar el *tzatziki* de yogur, ajo y cilantro, mezcle todos los ingredientes en un cuenco y sazone al gusto. Sirva los *souvlaki* acompañados con el *tzatziki,* unos panes pita y una ensalada variada.

CORDERO SALTEADO TAILANDÉS

El cordero combina de maravilla con los sabores tailandeses y responde perfectamente a la cocción rápida.

250 g de arroz jazmín • 2 cucharadas de aceite de girasol • 1 tallo de limoncillo pelado y finamente picado • 2 dientes de ajo en lonchas • 450 g de filete de cordero en lonchas finas • 1 pimiento rojo y 1 pimiento amarillo, sin semillas y en rodajas finas • 3 cucharadas de salsa de pescado • 3 cucharadas de azúcar moreno de caña • 1 puñado de tomates cereza cortados en cuartos • ½ pepino pelado, sin semillas y en dados • 6 cebollas tiernas en rodajas • 2 cucharadas de cacahuetes sin sal picados • 1 puñado de menta picada

1 Ponga el arroz en una cacerola mediana y cúbralo con 600 ml de agua. Lleve a ebullición, baje el fuego a suave, tape y deje cocer a fuego lento durante 10-12 minutos, hasta que el arroz esté cocido y haya absorbido el agua.

2 Mientras tanto, caliente el aceite de girasol en un wok o sartén grande a fuego fuerte. Saltee el limoncillo con el ajo durante 1 minuto. Añada el cordero y los pimientos, y saltee durante 2-3 minutos.

3 En un cuenco, mezcle la salsa de pescado y el azúcar. Incorpore la preparación al wok, saltee durante 2 minutos, y agregue removiendo los tomates y el pepino. Mezcle con las cebollas, los cacahuetes picados y la menta picada. Sirva el cordero salteado acompañado con el arroz.

CHULETAS DE CORDERO GLASEADAS Y SALSA DE AJO

Sencillo pero sublime…

450 g de patatas nuevas pequeñas • 2 cucharadas de gelatina de grosellas rojas • 2 cucharadas de salsa Worcestershire • 8-12 chuletas de cordero **SALSA DE AJO:** 455 ml de crema de leche espesa • 8 dientes de ajo pelados • 4 ramitas de tomillo • 2 anchoas en salazón conservadas en aceite y escurridas • 1 cucharada de mostaza en grano • 1 puñado de hojas de perejil picadas • 1 kg de hojas tiernas de espinaca lavadas • Sal y pimienta negra

1 Precaliente el grill del horno a temperatura alta.
2 Mientras tanto, cueza las patatas en una cacerola grande con agua hirviendo con sal durante 15 minutos o hasta que se ablanden, y escúrralas.
3 Mientras, prepare la salsa. Ponga la crema en un cazo con el ajo y el tomillo. Lleve a ebullición, baje el fuego y deje cocer a fuego suave 10 minutos, hasta que la salsa se haya reducido y espesado. Añada las anchoas y remueva unos minutos hasta que se deshagan en la salsa. Agregue, removiendo, la mostaza y el perejil picado, y salpimiente.
4 Mientras tanto, en un cuenco, mezcle la gelatina de grosellas y la salsa Worcestershire, y pincele las chuletas con la mezcla de glaseado. Áselas bajo el grill durante 4-5 minutos por cada lado, pincelándolas de nuevo con el glaseado a mitad de la cocción, hasta que se doren. Retírelas del grill y salpimiéntelas.
5 Al mismo tiempo, cueza las espinacas en una cacerola mediana con solo el agua que haya quedado en las hojas después de lavarlas durante 2-3 minutos, hasta que se ablanden. Sirva las chuletas con la salsa de ajo, las espinacas y las patatas.

BOCADILLO SLOPPY JOE

«Sloppy» alude a la forma en la que el relleno rebosa del panecillo cuando se come. Como alternativa, sirva el picadillo encima de medio panecillo como un bocadillo abierto.

2 cucharadas de aceite de oliva • 1 diente de ajo picado • 1 cebolla picada • 450 g de carne magra de buey picada • 400 g de tomates troceados en conserva • 1 cucharadita de azúcar blanquilla • 2 cucharadas de salsa de soja oscura • 2 cucharadas de salsa Worcestershire • 1 hoja de laurel seca • Sal y pimienta negra

PARA SERVIR: 4 panecillos para hamburguesas cortados por la mitad • 1 puñado de lechuga iceberg cortada en tiras • 2 tomates en rodajas • 2 pepinillos en vinagre en rodajas • 2 cucharadas de mayonesa o de ketchup (opcional) • Ensalada de hojas variadas

1 Caliente el aceite de oliva en una cacerola grande a fuego medio-alto. Fría la cebolla con el ajo 1 minuto. Añada la carne picada y saltee durante 3-4 minutos más, removiendo a menudo, hasta que la carne se dore.
2 Agregue, removiendo, los tomates troceados, el azúcar, la salsa de soja, la salsa Worcestershire y la hoja de laurel, y salpimiente. Lleve a ebullición, baje el fuego y deje cocer a fuego medio 10 minutos, hasta que la salsa se haya reducido y espesado. Retire del fuego y deseche el laurel.
3 Justo antes de servir, tueste los panecillos. Disponga medio panecillo en cada plato para servir, coloque el picadillo encima y corone con la lechuga, los tomates, los pepinillos, y, por último, el otro medio panecillo. Sirva el bocadillo acompañado con mayonesa o ketchup, si lo desea, y una ensalada de hojas variadas.

FIDEOS AL JENGIBRE Y BUEY CON ANACARDOS >

El pepino es delicioso cuando se sirve caliente y su sabor sutil combina muy bien con la carne de buey en esta sustanciosa salsa.

250 g de fideos de huevo secos • 1 cucharada de aceite de sésamo • 1 pepino pelado, sin semillas y en dados • 2 cucharadas de salsa de soja • 1 cucharada de salsa de pescado • 1 cucharada de azúcar de palma o de caña • 1 cucharada de vinagre de vino de arroz • 2 cucharadas de aceite de girasol • 8 bistecs pequeños en tiras • 1 trozo de 5 cm de jengibre confitado • 2 dientes de ajo picados • 1 manojo de cebollas tiernas picadas • 2 tallos de apio cortados en diagonal • 2 puñados de anacardos sin sal • 2 cucharadas de hojas de cilantro picadas • Sal

1 Lleve a ebullición agua con sal en una cacerola grande y cueza los fideos durante 3-4 minutos o hasta que se ablanden. Escúrralos y enjuáguelos bajo el grifo. Ponga la pasta en la cacerola, agregue el aceite de sésamo, remueva y reserve.
2 Mientras tanto, ponga el pepino en un cuenco, sálelo, remuévalo y escúrralo. Déjelo reposar durante 3 minutos para que escurra el exceso de líquido, enjuáguelo y escurra otra vez. Reserve.
3 En un cuenco, mezcle la salsa de soja, la salsa de pescado, el azúcar y el vinagre.
4 Caliente el aceite de girasol en un wok o sartén grande a fuego fuerte. Saltee las tiras de bistec, el jengibre y el ajo 2 minutos, hasta que la carne se dore. Añada las cebollas, el apio y los anacardos, y saltee 2 minutos más.
5 Agregue el pepino y saltee 2 minutos. Incorpore los fideos a la mezcla de salsa de soja y caliente de 1-2 minutos, removiendo hasta que se mezclen. Esparza el cilantro picado por encima y sirva.

SOLOMILLO SOASADO CON SALSA ROMESCO

La inspiración de esta receta proviene de la salsa romesco catalana, que tradicionalmente se prepara con unos pimientos especiales (ñoras) y se espesa con miga de pan y frutos secos. Aquí utilizo aceite de guindilla en lugar de pimiento.

3 cucharadas de aceite de oliva virgen extra, más para pincelar • 2 rebanadas grandes de pan de pueblo, sin corteza y en pedazos pequeños • 2 dientes de ajo picados • 50 g de avellanas enteras • 6 tomates pera sin semillas y troceados • 2-3 cucharadas de vinagre de Jerez • 2-3 cucharadas de aceite de guindilla, o al gusto • 2 cucharaditas de azúcar blanquilla • 4 solomillos de unos 175 g cada uno • Sal y pimienta

PARA SERVIR: pan rústico y ensalada verde

1 Para la salsa romesco, caliente 2 cucharadas de aceite de oliva en una sartén grande a fuego medio. Fría el pan, el ajo y las avellanas durante 2-3 minutos, removiendo un poco, hasta que se doren. Páselos a un robot de cocina.
2 Caliente el aceite de oliva restante en la sartén. Fría los tomates durante 3 minutos, hasta que empiecen a ablandarse. Páselos al robot con la mezcla de pan y bata hasta obtener una pasta gruesa. Añada el vinagre, el aceite de guindilla y el azúcar, y bata de nuevo. Salpimiente al gusto.
3 Ponga una plancha al fuego hasta que esté muy caliente. Pincele los solomillos con aceite de oliva, sazónelos y soáselos 3 minutos por lado si desea una carne poco hecha, o hasta que estén a su gusto.

ENSALADA *NIÇOISE*

Esta ensalada clásica, que combina los sabores típicos de Niza y de la Riviera francesa, constituye un estupendo plato veraniego.

350 g de patatas nuevas pequeñas • 4 huevos • 4 puñados de judías verdes preparadas • 1 puñado pequeño de alcaparras en salmuera, escurridas y enjuagadas • 1 puñado de aceitunas negras sin hueso • 240 g de pimientos asados en aceite de oliva escurridos y cortados en tiras • 6 filetes de anchoa en salazón, escurridos y enjuagados • 450 g de atún en aceite de oliva y desmenuzado en trozos grandes • 4 puñados de hojas de ensalada variadas
ALIÑO: 100 ml de aceite de oliva virgen • 2 cucharadas de vinagre de vino blanco • 1 cucharadita de mostaza de Dijon • 1-2 cucharaditas de azúcar extrafino • Sal y pimienta negra recién molida

PARA SERVIR: pan crujiente

1 Cueza las patatas en una cacerola grande con agua hirviendo con sal, durante 12-15 minutos, hasta que se ablanden. Escúrralas y páselas a un cuenco grande.
2 Mientras, cueza los huevos en un cazo durante 5 minutos. Enjuáguelos bajo el grifo, y sin cáscara, córtelos en cuartos y resérvelos.
3 Blanquee las judías verdes en una cacerola mediana con agua hirviendo 2 minutos, y escúrralas y enjuáguelas con agua fría. Incorpore las judías verdes, las alcaparras, las aceitunas, los pimientos, las anchoas y el atún al cuenco con las patatas.
4 Ponga todos los ingredientes del aliño en un tarro con tapón de rosca y agite hasta que se hayan emulsionado. Salpimiente, y vierta el aliño sobre la mezcla de patatas y atún.
5 Disponga las hojas de ensalada en una fuente y coloque encima la mezcla de patatas y atún. Corone con los cuartos de huevo y sirva con pan crujiente.

SALMÓN EN COSTRA DE SÉSAMO CON SALSA >

Las semillas de sésamo poseen una textura exquisita y crujiente, así como un sabor a nuez que combina a la perfección con el salmón.

La ralladura de 1 lima • 6 cucharadas de semillas de sésamo • 4 filetes de salmón de unos 175 g cada uno • 1 clara de huevo batida • 3 cucharadas de aceite de girasol • 250 g de fideos de huevo secos • 1 cucharada de aceite de sésamo • 2 cucharadas de salsa de soja • Sal y pimienta negra
SALSA PARA MOJAR: 2 cebollas tiernas picadas • 125 ml de vinagre de *umeboshi* (de ciruelas) • 2 cucharadas de salsa Worcestershire • 1 cucharada de hojas de cilantro picadas, y un poco más para servir

PARA SERVIR: cuartos de lima y ensalada de espinacas

1 Mezcle la ralladura de la lima y las semillas de sésamo en un plato y salpimiente. Pincele un poco los filetes de salmón con la clara de huevo y rebócelos en la mezcla de semillas de sésamo.
2 Caliente el aceite de girasol en una sartén grande a fuego medio. Fría los filetes de salmón durante 3-4 minutos por lado o hasta que las semillas de sésamo se doren y el pescado esté cocido pero ligeramente opaco en el centro.
3 Lleve a ebullición agua con sal en una cacerola y cueza los fideos de 3-4 minutos. Escúrralos y agregue el aceite de sésamo y la salsa de soja y remueva.
4 Para la salsa, mezcle la mitad de las cebollas con el resto de ingredientes. Disponga un filete de salmón en cada plato con los fideos al lado. Esparza las cebollas restantes y espolvoree con el resto del cilantro picado. Sirva el plato con la salsa, unos cuartos de lima y una ensalada de espinacas.

ENSALADA DE BOGAVANTE Y HIERBAS CON MAYONESA DE LIMÓN

Esta receta constituye un plato veraniego de lujo. Adquiera el bogavante cocido en una buena pescadería y que sea lo más fresco posible.

800 g de carne de bogavante recién cocida y cortada en dados • 1 aguacate grande deshuesado y cortado en dados • 4 tomates maduros pero firmes, sin semillas y en dados • 4 puñados de hojas de para ensalada variada • Sal y pimienta negra **MAYONESA DE LIMÓN:** 1 huevo • El zumo de ½ limón y un poco más, al gusto • 1 cucharadita de mostaza de Dijon • 300 ml de aceite de girasol

PARA SERVIR: pan de aceitunas

1 Para preparar la mayonesa, ponga el huevo, el zumo de limón, la mostaza y una pizca de sal en una batidora. Póngala en marcha y vaya virtiendo lentamente el aceite de girasol hasta que la mezcla empiece a emulsionarse y a espesar, y después agregue el aceite con más rapidez hasta que lo haya incorporado todo. Pruebe la mezcla y añada más sal y zumo de limón al gusto.

2 Ponga la carne de bogavante y el aguacate en un cuenco. Añada los tomates y sazone al gusto. Incorpore, removiendo con cuidado, la cantidad suficiente de mayonesa para que la ensalada quede ligeramente cubierta.

3 Disponga las hojas de ensalada en una fuente para servir y coloque encima la ensalada de bogavante. Sírvala acompañada de unas rebanadas de pan de aceitunas.

LUBINA CON SALSA CREMOSA DE ENELDO

Las alcaparras picadas añaden un toque adicional a esta salsa cremosa, que combina muy bien con la lubina asada a la plancha.

450 g de patatas nuevas pequeñas • 300 ml de crema de leche espesa • 1 diente de ajo cortado por la mitad • El zumo y la ralladura de 1 limón • 2 cucharadas de alcaparras en salmuera, escurridas, enjuagadas y picadas • 1 cucharada de eneldo picado • 4 filetes grandes de lubina • 5 cucharadas de aceite de oliva • 450 g de guisantes tiernos congelados • Sal y pimienta negra

1 Cueza las patatas en una cacerola grande con agua hirviendo con sal durante 12-15 minutos, hasta que se ablanden, y escúrralas. Precaliente el grill del horno a temperatura alta.

2 Vierta la crema en un cazo y añada el ajo. Ponga el cazo a fuego lento y agregue la ralladura de limón, las alcaparras y el eneldo; salpimiente y deje cocer a fuego lento durante 3-4 minutos, hasta que la salsa se espese ligeramente. Manténgala caliente.

3 Disponga los filetes de lubina en una fuente refractaria y rocíelos con 2 cucharadas del aceite de oliva. Vierta un chorrito de limón sobre cada filete y sazone al gusto. Ase el pescado bajo el grill unos 6 minutos, hasta que empiece a estar cocido.

4 Mientras tanto, cueza los guisantes en una cacerola mediana con agua hirviendo con sal durante 3-4 minutos y escúrralos.

5 Caliente el aceite de oliva restante en una sartén grande a fuego medio. Fría las patatas de 3-4 minutos, hasta que se doren. Sirva los filetes de lubina con la salsa de eneldo, los guisantes y las patatas salteadas.

VARITAS DE PESCADO

Las varitas de pescado rebozadas con polenta se sirven con una deliciosa mayonesa de alcaparras y cebollino. Esta mayonesa es rápida y fácil de preparar, y sabe mucho mejor que la envasada.

6 cucharadas de polenta instantánea • 4 filetes de pescado blanco pelado de unos 175 g cada uno, cortados en tiras de 1,5 cm • 125 ml de leche • 4 cucharadas de aceite de girasol • 450 g de guisantes tiernos congelados • Sal y pimienta negra
MAYONESA DE ALCAPARRAS: 1 huevo • El zumo de ½ limón • 1 cucharadita de mostaza de Dijon • 300 ml de aceite de girasol • 1 cucharada de alcaparras en salmuera, escurridas, enjuagadas y picadas • 1 cucharada de cebollino picado

PARA SERVIR: pan crujiente

1 Para preparar la mayonesa, ponga el huevo, el zumo de limón, la mostaza y una pizca de sal en la batidora. Póngala en marcha y vaya vertiendo lentamente el aceite de girasol hasta que la mezcla empiece a emulsionarse y a espesarse, y agregue el aceite hasta que se haya incorporado todo. Ponga la mayonesa en un cuenco y añada las alcaparras y el cebollino picado.

2 Extienda la polenta en un plato y salpimiente. Sumerja las varitas en la leche y rebócelas en la polenta.

3 Caliente el aceite de girasol en una sartén grande a fuego medio-alto. Fría las varitas de pescado de 2-3 minutos, hasta que se doren y estén crujientes (puede que tenga que freírlas en 2 tandas). Retírelas y déjelas escurrir sobre papel de cocina.

4 Mientras fríe el pescado, cueza los guisantes en una cacerola mediana con agua hirviendo con sal durante 3-4 minutos, y escúrralos. Sirva las varitas con la mayonesa de alcaparras, los guisantes y unas rebanadas de pan crujiente.

MEJILLONES CON TOMATE Y GUINDILLA

Los mejillones son muy versátiles: están deliciosos con salsas cremosas, pero también combinan muy bien con el tomate y la guindilla. El jugo de los tomates tamizados no se utiliza en esta receta, pero se puede refrigerar o congelar para usarlo en otro plato.

2 cucharadas de aceite de oliva • 2 dientes de ajo cortados en láminas • 1 kg de mejillones desbarbados y limpios • 100 ml de vino blanco seco • 800 g de tomates troceados en conserva y tamizados • 1 cucharadita de guindilla en copos

PARA SERVIR: pan crujiente y ensalada verde

1 Caliente el aceite de oliva en una cacerola grande a fuego medio. Fría el ajo durante 30 segundos e incorpore los mejillones y el vino blanco.
2 Añada a la cacerola los tomates tamizados y los copos de guindilla y remueva bien. Lleve a ebullición, baje un poco el fuego, tape y cueza durante 5 minutos, hasta que los mejillones se abran. Deseche los que no se hayan abierto.
3 Sirva los mejillones en cuencos grandes acompañados con pan crujiente para mojar y una ensalada verde.

COLOMBO DE MARISCOS SURTIDOS >

El *colombo* es un curry autóctono de las Antillas francesas. Si no lo encuentra, sustitúyalo por un curry suave en polvo.

250 g de arroz de grano largo de cocción rápida • 2 cucharadas de aceite de oliva • 1 cebolla picada • 2 dientes de ajo picados • 1 trozo de 2,5 cm de jengibre fresco, pelado y picado • 1 cucharada de *colombo* o curry suave en polvo • 300 ml de leche de coco en conserva • 150 ml de caldo vegetal • 900 g de mariscos variados crudos y limpios • El zumo de 2 limas • 1-2 cucharadas de *chutney* de mango • 2 cucharadas de ketchup • 1 puñado de perejil picado • Sal y pimienta negra

1 Ponga el arroz en una cacerola mediana y cúbralo con 600 ml de agua. Lleve a ebullición, baje el fuego, tape y deje cocer a fuego lento durante 10 minutos, hasta que el arroz esté cocido y haya absorbido el agua. Retire la cacerola del fuego y deje reposar el arroz, tapado, hasta el momento de servir.
2 Mientras tanto, caliente el aceite de oliva en una cacerola grande a fuego medio. Fría la cebolla, el ajo, el jengibre y las especias en polvo durante 2 minutos, removiendo sin cesar.
3 Añada, removiendo, la leche de coco y el caldo. Incorpore los mariscos, lleve a ebullición, baje el fuego y agregue el zumo de limón, el *chutney* de mango al gusto y el ketchup.
4 Salpimiente y deje cocer a fuego lento durante 10 minutos, hasta que el marisco esté cocido y la salsa se haya reducido y espesado. Espolvoree con el perejil picado y sirva el *colombo* acompañado del arroz.

< ENSALADA CÉSAR VEGETARIANA

La ensalada César auténtica contiene anchoas; esta variante vegetariana es deliciosa.

4 huevos • 2 cucharadas de aceite de oliva virgen extra • 2 dientes de ajo • 2 rebanadas de pan blanco sin corteza y cortado en dados • 1 puñado de judías verdes finas • 2 cogollos de lechuga romana con las hojas separadas • 50 g de parmesano
ALIÑO: 1 huevo • El zumo de ½ limón pequeño • 1 diente de ajo cortado por la mitad • 200 ml de aceite de girasol • 4 cucharadas de parmesano rallado • Sal y pimienta negra

PARA SERVIR: cuartos de limón y pan de aceitunas

1 Cueza los huevos durante 5 minutos. Déjelos enfriar, pélelos y córtelos en cuartos.
2 Caliente el aceite de oliva en una sartén grande. Fría el pan junto con el ajo durante 2-3 minutos. Escurra los dados de pan sobre papel de cocina. Salpimiente y déjelos enfriar. Deseche el ajo.
3 Blanquee las judías verdes en una cacerola con agua hirviendo 2 minutos. Escúrralas y enjuáguelas.
4 Para el aliño, bata el huevo con el zumo de limón y el ajo en una batidora hasta que adquiera una consistencia fina y homogénea. Vaya vertiendo el aceite de girasol hasta que la mezcla empiece a emulsionarse y espesarse, y después agregue el aceite con más rapidez hasta incorporarlo todo. Añada, removiendo, el parmesano rallado y sazone.
5 Ponga la lechuga en un cuenco con las judías verdes, el huevo duro y los tropezones. Corte el parmesano en virutas, espárzalas por encima y rocíe con el aliño. Sirva con limones y unas rebanadas de pan de aceitunas.

PIPÉRADE CON DOS PIMIENTOS

En esta adaptación del famoso plato vasco, creo que las espléndidas yemas de huevo líquidas superan a los huevos revueltos tradicionales del original.

5 cucharadas de aceite de oliva • 1 cebolla grande cortada en rodajas • 1 diente de ajo picado • 2 pimientos rojos y 1 pimiento amarillo, sin semillas y cortados en rodajas finas • 8 tomates cereza cortados por la mitad • 4 huevos grandes • Aceite de guindilla para aderezar • Sal y pimienta negra recién molida

PARA SERVIR: panecillos chapata y ensalada verde

1 Caliente el aceite de oliva en una sartén grande a fuego medio. Fría la cebolla con el ajo durante 2 minutos, y añada los pimientos y los tomates. Saltee durante 10 minutos, removiendo regularmente, hasta que se ablanden. Salpimiente.
2 Haga 4 huecos en la mezcla de hortalizas y casque los huevos en ellos con cuidado. Cueza durante 3-4 minutos, hasta que las claras de los huevos empiecen a cuajarse pero las yemas se mantengan líquidas.
3 Rocíe la *pipérade* con un chorrito de aceite de guindilla, y sírvala acompañada de unos panecillos chapata y una ensalada verde.

FONDUE DE QUESO SUIZA

Las *fondues* son muy divertidas, y esta en particular es muy sencilla de preparar. El pan es de rigor como acompañamiento, pero puede probar también con patatas nuevas de tamaño muy pequeño. Según la tradición, quien pierda su trocito de pan en la *fondue* tendrá que pagar una prenda.

300 ml de vino blanco seco afrutado • 650 g de gruyère rallado • 3 cucharadas de kirsch o de grappa • 1 cucharadita de fécula de patata • 1 cucharadita de hojas de tomillo (opcional) • 1 diente de ajo cortado por la mitad • Pimienta negra

PARA SERVIR: pan cortado en dados

1 Ponga una cacerola mediana con el vino a fuego medio hasta que se haya calentado. A continuación, añada el gruyère y caliente hasta que el queso se derrita, removiendo de vez en cuando.
2 En un cuenco, mezcle el kirsch y la fécula de patata, e incorpore, removiendo, la mezcla a la cacerola y cueza durante 3-4 minutos, hasta que la *fondue* se espese. Agregue el tomillo, si ha decidido añadirlo, y sazone con abundante pimienta.
3 Frote el interior del cazo de *fondue* con los ajos con la superficie cortada y póngalo encima del quemador. Vierta la *fondue* de queso en el cazo y sírvala acompañada con dados de pan para mojar.

POLENTA CON SALSA DE ALCACHOFA

Este sabroso y sustancioso plato encantará a los amantes de las alcachofas. Elija unas conservadas en aceite de calidad, en lugar de las conservadas en agua o en vinagre.

250 g de mascarpone • 3 cucharadas de leche • 50 g de parmesano rallado • 540 g de alcachofas en aceite de oliva, escurridas • 2 cucharaditas de hojas de tomillo
POLENTA: 350 g de polenta instantánea • 2 litros de caldo vegetal • 50 g de parmesano rallado • 1 puñado de hojas de perejil picadas • Sal y pimienta negra

1 Prepare la polenta siguiendo las instrucciones del envase, utilizando caldo vegetal en lugar de agua. Cuando haya espesado, añada, removiendo, el parmesano rallado y el perejil picado, y salpimiente.
2 Mientras tanto, ponga el mascarpone con la leche y el parmesano rallado en una cacerola mediana a fuego lento, y cueza durante 2 minutos, removiendo, o hasta que la mezcla adquiera una consistencia fina y homogénea.
3 Incorpore la mitad de las alcachofas a la cacerola con la mezcla de mascarpone y, con una batidora de mano, bata hasta obtener un puré más o menos fino y homogéneo. Agregue las alcachofas restantes y el tomillo, y ponga la cacerola a fuego lento, removiendo, hasta que se hayan calentado. Salpimiente.
4 Disponga la polenta en una fuente para servir y vierta por encima la salsa de alcachofas. Sirva inmediatamente.

ENCHILADA CON FRIJOLES Y CREMA DE AGUACATE

Esta deliciosa enchilada sin carne es un estupendo plato que puede preparar con ingredientes que tenga en su despensa, y resulta aún mejor con la crema de aguacate como acompañamiento.

3 cucharadas de aceite de oliva • 1 cebolla picada • 1 cucharadita de comino molido • 1 cucharadita de cilantro molido • 1 cucharadita de guindilla en polvo, y un poco más al gusto • 400 g de tomates cereza en conserva • 1 cucharadita de azúcar blanquilla • 400 g de alubias rojas en conserva, escurridas y enjuagadas • 400 g de alubias blancas en conserva, escurridas y enjuagadas • 400 g de alubias de careta en conserva, escurridas y enjuagadas • 1 puñado de hojas de cilantro picadas • Sal y pimienta negra recién molida **CREMA DE AGUACATE:** 2 aguacates deshuesados y troceados • 6 cucharadas de crema agria

PARA SERVIR: tortillas y ensalada variada

1 Caliente el aceite de oliva en una cacerola. Fría la cebolla con las especias durante 2-3 minutos.
2 Incorpore, removiendo, los tomates, el azúcar y las alubias. Lleve a ebullición, baje el fuego y deje hervir a fuego lento durante 15 minutos, hasta que la enchilada se haya reducido y espesado. Salpimiente y añada, removiendo, tres cuartos del cilantro picado. Pruebe la enchilada y agregue más guindilla en polvo si la desea más picante.
3 Bata el aguacate con la crema agria hasta obtener una crema fina. Sazone y pase la crema de aguacate a un cuenco.
4 Esparza el cilantro picado restante por encima de la enchilada y sírvala acompañada de la crema, unas tortillas y una ensalada variada.

ORECCHIETTE CON GRELOS >

A los amantes de las verduras ligeramente amargas les encantará la forma en que los grelos complementan el sabor casi mantecoso de las *orecchiette* y de las avellanas tostadas en este plato tradicional del sur de Italia, *orecchiette alle cime di rape*. Si no encuentra grelos, puede sustituirlos por otras verduras ligeramente amargas, como la col rizada.

450 g de *orecchiette* secas • 3 cucharadas de aceite de oliva • 2 dientes de ajo cortados en rodajas finas • 575 g de grelos o de col rizada, sin los tallos duros, y troceados • El zumo de 1 limón pequeño • 1 puñado de avellanas tostadas picadas • Sal y pimienta negra

PARA SERVIR: cuartos de limón y ensalada variada

1 Lleve a ebullición agua con sal en una cacerola grande y cueza las *orecchiette* 2 minutos menos de los indicados en el envase, hasta que estén casi *al dente*.
2 Mientras tanto, caliente el aceite de oliva en una sartén grande a fuego medio. Fría el ajo durante 1 minuto. Añada los grelos y saltee de 3-4 minutos, hasta que las hojas se ablanden.
3 Agregue el zumo de limón, salpimiente y saltee durante 3-4 minutos, hasta que los tallos se ablanden.
4 Con una espumadera, pase la pasta a la sartén con los grelos. Remueva y saltee durante 2 minutos más, hasta que la pasta absorba el sabor del limón y esté *al dente*.
5 Esparza las avellanas picadas sobre las *orecchiette* y sírvalas con gajos de limón y una ensalada variada.

LINGUINIS CON PESTO DE NUECES

Si no encuentra aceite de nuez, el aceite de oliva virgen extra es una buena alternativa. No pique las nueces en exceso o quedarán demasiado aceitosas y perderán su textura crujiente y su sabor.

450 g de linguinis secos • 2 dientes de ajo pelados • 100 g de parmesano rallado, y un poco más para servir • 100 g de nueces partidas por la mitad • 4-5 cucharadas de aceite de nuez • 1 puñado pequeño de hojas de perejil picadas • Sal y pimienta negra

PARA SERVIR: ensalada de rúcula, berros y espinacas

1 Lleve a ebullición agua con sal en un cacerola grande y cueza los linguinis durante 10-12 minutos hasta que estén *al dente*.
2 Mientras tanto, ponga el ajo, el parmesano rallado y las nueces en una batidora, y bata hasta obtener una pasta de textura gruesa. Añada, removiendo, el aceite de nuez y el perejil picado, y salpimiente.
3 Escurra los linguinis, póngalos en la cacerola y, a continuación, incorpore sin dejar de remover el pesto, y vuelva a poner la cacerola al fuego hasta que se haya calentado. Sirva los linguinis acompañados con más parmesano rallado, si lo desea, y una ensalada de rúcula, berros y espinacas.

¿QUIÉN PODÍA IMAGINAR QUE EN MENOS DE 30 MINUTOS ES POSIBLE ASAR AL HORNO UNOS SALMONETES Y SERVIRLOS CON UNA VINAGRETA DE AJO Y GUINDILLA, HORNEAR UNOS *CLAFOUTIS* DE TOMATES CEREZA O PREPARAR UN POLLO AL CURRY TAILANDÉS? AQUÍ ENCONTRARÁ PLATOS QUE SIN DUDA SE CONVERTIRÁN EN LAS COMIDAS FAVORITAS DE SU FAMILIA Y QUE, A LA VEZ, SERÁN IDÓNEOS PARA CENAS CON LOS AMIGOS.

PLATOS LISTOS
EN VEINTICINCO
MINUTOS

CURRY DE POLLO AL ESTILO TAILANDÉS

En esta receta he utilizado una pasta de curry roja tailandesa, pero la verde también va bien para este plato. ¡Atrévase a experimentar!

2 cucharadas de aceite de oliva • 1 cebolla picada • 2 dientes de ajo picados • 450 g de carne de pechuga o de muslo de pollo deshuesada, pelada y cortada en dados • 2 cucharadas de pasta de curry rojo tailandés • 2 cucharaditas de azúcar • 1 cucharadita de salsa de pescado • 400 ml de leche de coco en conserva • 2 hojas de lima kaffir cortadas en tiras • 250 g de arroz jazmín • Sal y pimienta negra

1 Caliente el aceite de oliva en una cacerola grande de fondo grueso a fuego medio. Fría la cebolla con el ajo durante 2 minutos, hasta que se ablanden.
2 Añada el pollo y saltéelo durante 3-4 minutos, dándole la vuelta de vez en cuando, hasta que se dore. Agregue, removiendo, la pasta de curry, el azúcar, la salsa de pescado y la leche de coco, y salpimiente.
3 Lleve a ebullición, baje el fuego y deje cocer a fuego lento durante 15 minutos, o hasta que el pollo esté cocido. Incorpore, removiendo, las hojas de lima kaffir.
4 Mientras tanto, ponga el arroz en una cacerola mediana y cúbralo con 600 ml de agua. Lleve a ebullición, baje el fuego, tape, y deje cocer a fuego lento durante 10-12 minutos, hasta que el arroz esté cocido y haya absorbido el agua. Retire la cacerola del fuego y deje reposar el arroz, tapado, hasta el momento de servir. Separe los granos con un tenedor y sírvalo acompañando al curry de pollo.

VARITAS DE POLLO DORADAS CON MAYONESA

Las crujientes varitas de pollo combinan muy bien con esta mayonesa de hierbas y ajo.

450 g de patatas nuevas pequeñas • 90 ml de aceite de oliva • ½ cucharadita de orégano seco • 2 dientes de ajo picados • 450 g de pechugas de pollo deshuesadas y peladas • 50 g de parmesano rallado • 4 cucharadas de pan rallado • 1 huevo batido • Sal y pimienta negra
MAYONESA DE HIERBAS Y AJO: 1 huevo • 2 cucharadas de vinagre de vino blanco • 2 dientes de ajo pelados • 200 ml de aceite de girasol • 1 puñado de hierbas variadas (cebollino, perejil y albahaca) picadas

PARA SERVIR: ensalada variada

1 Ponga las patatas en una cacerola grande con la mitad del aceite de oliva y el orégano. Tape y deje rehogar a fuego medio durante 20 minutos, hasta que se ablanden y se doren.
2 Mientras, prepare la mayonesa siguiendo las instrucciones de la pág. 98, sustituyendo el zumo de limón por vinagre de vino blanco, y con ajo en lugar de mostaza. Añada hierbas y sazone al gusto.
3 Para preparar el pollo, maje el ajo con una pizca generosa de sal y pimienta hasta obtener una pasta. Unte las pechugas con la mezcla y córtelas en tiras.
4 Mezcle el parmesano y pan rallado en un plano. Pase las tiras de pollo por el huevo batido y rebócelas en la preparación de pan.
5 Caliente el aceite de oliva restante en una sartén grande a fuego medio. Fría el pollo durante 5-6 minutos, hasta que esté cocido. Acompañe con mayonesa, patatas y una ensalada variada.

POLLO RELLENO DE QUESO Y ENVUELTO EN PANCETA

450 g de boniatos pelados y cortados en trozos pequeños • 30 g de mantequilla • 4 pechugas de pollo deshuesadas y peladas de unos 175 g cada una • 115 g de cheddar fuerte o similar cortado en 4 lonchas largas • 8 lonchas largas de panceta • 3 cucharadas de aceite de oliva • 1 kg de hojas de espinaca lavadas • Sal y pimienta negra

1 Cueza los boniatos en una cacerola grande con agua hirviendo con sal durante 15-20 minutos, hasta que se ablanden. Escúrralos, redúzcalos a puré, y añada la mantequilla sin dejar de remover.

2 Mientras tanto, con un cuchillo afilado, haga una cavidad en cada pechuga de pollo e inserte una loncha de queso. Envuelva cada pechuga con dos lonchas de panceta hasta cubrirla por completo.

3 Caliente el aceite de oliva en una sartén grande a fuego medio. Fría las pechugas de pollo 10 minutos por lado hasta que la panceta se dore y el pollo esté cocido.

4 Al mismo tiempo, cueza las espinacas en una cacerola mediana con solo el agua que haya quedado en las hojas después de lavarlas durante 2-3 minutos, hasta que se ablanden, y sazone al gusto. Sirva el pollo acompañado con el puré de boniato y las espinacas.

CERDO *TONNATO*

Esta receta es una variante del plato clásico italiano *vitello tonato*, que se compone de carne de ternera en una deliciosa salsa mayonesa de atún cremosa. Es una cena exquisita.

450 g de patatas nuevas pequeñas • 15 g de mantequilla • 4 escalopes de cerdo de unos 175 g • 2 cucharadas de aceite de oliva • 6 hojas de salvia • 1 cucharada de alcaparras en salmuera, escurridas y enjuagadas • Perejil picado • Sal y pimienta negra
SALSA DE ATÚN: 1 huevo • El zumo de ½ limón • 200 ml de aceite de girasol • 125 g de atún al gusto

PARA SERVIR: cuartos de limón y 4 cogollos de lechuga cortados en cuartos

1 Cueza las patatas en una cacerola grande con agua hirviendo con sal durante 15-20 minutos, hasta que se ablanden. Escúrralas, póngalas en la cacerola, añada la mantequilla y remueva.
2 Mientras, prepare la salsa de atún. Ponga el huevo en una batidora con el zumo de limón y una pizca de sal y pimienta. Bata unos segundos hasta que la mezcla adquiera una consistencia fina y homogénea. Vaya vertiendo lentamente el aceite de girasol; cuando la preparación empiece a emulsionarse y espesar, agregue el aceite con más rapidez. Añada el atún y bata hasta que se haya mezclado.
3 Sazone los escalopes de cerdo. Caliente el aceite de oliva en una sartén grande a fuego medio. Fría los escalopes con la salvia 4 minutos por cada lado hasta que se doren y estén cocidos. Póngalos en una fuente para servir.
4 Vierta la salsa de atún sobre los escalopes, esparza las alcaparras por encima y espolvoree con el perejil picado. Sazone con una pizca de pimienta, y sírvalos con unos cuartos de limón, las patatas y unos cogollos en cuartos.

CERDO CON CIRUELAS PASAS

Estas jugosas lonchas de cerdo se sirven con una cremosa salsa de aromáticas ciruelas pasas.

250 g de arroz de grano largo de cocción rápida • 1 cucharada de aceite de oliva • 2 escalonias finamente picadas • 2 dientes de ajo picados • 8 hojas tiernas de salvia • 450 g de filete de lomo de cerdo cortado en lonchas • 100 ml de vino blanco seco • 1 puñado grande de ciruelas pasas deshuesadas • 1 cucharada de mostaza en grano • 150 ml de crema de leche espesa • 450 g de guisantes dulces • Sal y pimienta negra

1 Ponga el arroz en una cacerola mediana y cúbralo con 600 ml de agua. Lleve a ebullición, baje el fuego, tape y deje cocer a fuego lento durante 10 minutos, o hasta que el arroz esté cocido y haya absorbido el agua. Retire la cacerola del fuego y deje reposar tapado, hasta servir.
2 Caliente el aceite de oliva en una sartén grande a fuego medio. Fría las escalonias, el ajo y la salvia durante 2 minutos, hasta que se ablanden. Incorpore el cerdo y saltéelo durante 6 minutos, dándole la vuelta de vez en cuando, hasta que se dore.
3 Vierta el vino en la sartén, baje el fuego y añada las ciruelas pasas y la mostaza. Cueza a fuego lento durante 2 minutos, removiendo de vez en cuando, agregue la crema y salpimiente. Deje cocer a fuego lento unos 3 minutos más, removiendo hasta que la crema se haya reducido y espesado.
4 Al mismo tiempo, cueza los guisantes dulces en una cacerola mediana con agua con sal hirviendo durante 2-3 minutos, hasta que se ablanden pero se mantengan crujientes, y escúrralos. Sirva las lonchas de cerdo acompañadas con el arroz y los guisantes dulces.

FILETE DE JAMÓN A LA PLANCHA CON *RELISH* DE PIÑA Y MENTA

El sabor salado del jamón y el dulzor jugoso de la piña son una combinación clásica, pero si a esto le añade unas hojas de menta y lo sirve con patatas salteadas con guindilla, el resultado es único.

5 cucharadas de aceite de oliva • 450 g de patatas nuevas pequeñas, cortadas en cuartos • 1 guindilla seca desmenuzada • 4 filetes de jamón de unos 175 g cada uno • 450 g de guisantes dulces • Sal y pimienta negra recién molida
RELISH DE PIÑA Y MENTA: 1 piña pequeña pelada, sin corazón y troceada • 2 escalonias picadas • 1 cucharada de aceite de oliva virgen extra • 1 puñado de hojas de menta cortadas en tiras

1 Caliente 4 cucharadas del aceite de oliva en una sartén grande a fuego medio. Saltee las patatas con la guindilla durante 15-20 minutos, dándoles la vuelta de vez en cuando, hasta que se ablanden y se doren. Escúrralas sobre papel de cocina y salpimiente.
2 Prepare el *relish* de piña y menta. Ponga la piña en un cuenco con las escalonias, el aceite de oliva y la menta. Sazone con pimienta y reserve.
3 Pincele los filetes de jamón con el aceite de oliva restante. Caliente una plancha a fuego medio-alto. Ase los filetes a la plancha durante 4-5 minutos por lado, hasta que estén cocidos.
4 Cueza al vapor los guisantes dulces durante 2-3 minutos o hasta que empiecen a ablandarse. Sirva el filete de jamón acompañado de una cucharada generosa del *relish* de piña y menta, las patatas salteadas con guindilla y los guisantes dulces.

PASTELES DE SALCHICHA CON BERZAS Y GUINDILLA

La carne de salchicha debe ser de buena calidad, con un alto contenido en carne. Las alubias gigantes griegas combinan muy bien con este plato.

800 g de carne de salchicha • 1 cebolla finamente picada • 1 cucharadita de orégano seco • 2 cucharadas de aceite de oliva • 2 dientes de ajo picados • 1 guindilla seca desmenuzada • 800 g de berzas o col rizada, sin tallos duros y troceadas • El zumo de 1 lima (opcional) • 700 g de alubias gigantes en salsa de tomate en conserva o alubias al estilo inglés en conserva • Sal y pimienta negra recién molida

PARA SERVIR: pan crujiente

1 Precaliente el grill del horno a temperatura alta.
2 Ponga la carne de salchicha en un cuenco grande y añada la cebolla y el orégano. Mezcle bien y divídala en ocho porciones en forma de pasteles planos de aproximadamente 1 cm de grosor.
3 Ase los pasteles de salchicha bajo el grill durante 4 minutos por lado o hasta que estén cocidos.
4 Caliente el aceite de oliva en una sartén grande a fuego medio. Fría el ajo con la guindilla 1 minuto, removiendo para que el aceite se impregne de sus aromas. Agregue las berzas y saltee 3 minutos, removiendo hasta que se ablanden. Vierta el zumo de lima en la sartén, si ha decidido añadirlo, y salpimiente.
5 Ponga las alubias en una cacerola a fuego medio-bajo durante 2-3 minutos. Sirva con las berzas salteadas y la guindilla, las alubias gigantes y unas rebanadas de pan crujiente.

SATAY DE CORDERO

El cordero combina muy bien con la untuosa salsa de cacahuete. Necesitará 12 broquetas de metal.

450 g de filete de cordero cortado en 12 tiras finas • 250 g de fideos de huevo secos • 1 puñado de hojas de cilantro picadas
ADOBO: 1 diente de ajo picado • 1 trozo de 2,5 cm de jengibre fresco, pelado y picado • 1 cucharada de miel líquida • 1 cucharadita de salsa de pescado • El zumo de 1 lima
SALSA SATAY: 100 g de mantequilla de cacahuete gruesa • 100 ml de leche de coco en conserva • 1-2 cucharadas de salsa de chile • 1 diente de ajo picado • 1 cucharada de salsa de soja oscura

PARA SERVIR: ensalada de hojas de espinaca

1 Ensarte las tiras de cordero en 12 broquetas y colóquelas en un plato plano. En un cuenco, mezcle todos los ingredientes del adobo, y viértalo sobre la carne, dándole la vuelta a las broquetas varias veces en el adobo hasta que queden cubiertas. Déjelas reposar unos 10 minutos.
2 Mientras, precaliente el grill del horno a temperatura alta. En un cuenco, ponga todos los ingredientes de la salsa *satay*, remueva hasta que se hayan mezclado y reserve.
3 Ase las broquetas de cordero bajo el grill durante 3-4 minutos por cada lado, hasta que se doren y estén pegajosas. Deseche el resto del adobo.
4 Al mismo tiempo, lleve a ebullición en una cazuela grande agua con sal y cueza los fideos durante 3-4 minutos, o hasta que se ablanden, y escúrralos. Espolvoree el cilantro picado sobre de las broquetas, y sírvalas acompañadas de los fideos, la salsa *satay* y una ensalada de hojas de espinaca.

TACOS DE PICADILLO CON GUACAMOLE

Esta receta es mi versión del plato de picadillo de buey especiado, que es muy popular en muchos países latinoamericanos. A menudo se utiliza como relleno para tortillas y tacos, que es como me gusta servirlo, acompañado con un sabroso guacamole.

2 cucharadas de aceite de oliva • 2 dientes de ajo picados • 1 cebolla picada • 450 g de carne magra de buey picada • 400 g de tomates troceados en conserva • 100 ml de vino blanco • 3-4 jalapeños en vinagre y picados • 1 puñado de aceitunas negras deshuesadas • 4 tacos • Sal y pimienta negra

GUACAMOLE: 2 aguacates maduros, deshuesados y cortados en dados • 1 tomate grande, sin semillas y cortado en dados • 1 cebolla morada pequeña y finamente picada • 1 puñado pequeño de hojas de cilantro picadas • El zumo de 1 lima

1 Caliente el aceite de oliva en una sartén grande a fuego medio. Fría la cebolla con el ajo durante 2 minutos, hasta que se ablanden. Añada la carne de buey picada y saltee durante 3-4 minutos, removiendo a menudo, hasta que se dore.

2 Incorpore, removiendo, los tomates troceados, el vino, los jalapeños y las aceitunas. Salpimiente. Lleve a ebullición, baje el fuego y deje cocer a fuego lento durante 15 minutos, hasta que el picadillo se reduzca y espese.

3 Mientras tanto, precaliente el horno a 180 °C. En un cuenco, mezcle los ingredientes del guacamole y sazone al gusto.

4 Coloque los tacos boca abajo en una placa para hornear, introdúzcalos en el horno y caliéntelos durante 5 minutos. Rellénelos con el picadillo y sírvalos acompañados con el guacamole.

ENSALADA DE BUEY ESPECIADO Y FIDEOS >

En esta receta sugiero servir el buey caliente; también está delicioso a temperatura ambiente, por lo que es perfecto para una comida veraniega.

2 cucharadas de salsa de soja oscura • 1 cucharada de salsa de pescado • 1-2 cucharadas de salsa de guindilla • 1 diente de ajo picado • 2 puñados de cacahuetes salados y picados • 450 g de carne magra de buey en tiras • 2 cucharadas de aceite de oliva • 1 puñado pequeño de hojas de cilantro

ENSALADA DE FIDEOS: 100 g de fideos de celofán secos • 1 puñado de judías verdes finas preparadas • 1 cucharada de miel líquida • El zumo de 1 lima • 3 cucharadas de aceite de oliva • 1 cucharada de salsa de pescado • 1 puñado de tirabeques • 3 cebollas en rodajas en diagonal • Sal

1 Para la ensalada de fideos, lleve a ebullición el agua con sal en una cacerola grande y cueza los fideos 3-4 minutos. Enjuáguelos y páselos a un cuenco.
2 Blanquee las judías verdes en una cacerola con agua hirviendo durante 2 minutos, enjuáguelas y escúrralas. En un cuenco, ponga la miel, el zumo de lima, el aceite de oliva y la salsa de pescado, y remueva bien. Incorpore las judías verdes con los tirabeques y las cebollas a la cacerola con los fideos. Vierta el aliño.
3 Mezcle las salsas de soja, de pescado y de guindilla y el ajo en otro cuenco. Ponga los cacahuetes picados en un cuenco. Incorpore las tiras a la mezcla de salsa de soja, remueva, y presione los cacahuetes picados sobre la carne.
4 Caliente el aceite de oliva en un wok o sartén a fuego medio-alto. Saltee las tiras de buey 4-5 minutos.
5 Esparza el cilantro sobre los fideos y las tiras de buey antes de servir la ensalada.

CHULETAS DE TERNERA CON SALVIA Y VINO TINTO

Este plato, idóneo para la cena, también queda estupendo con chuletas de cerdo, pero tenga en cuenta que en este caso será preciso servir 2 chuletas por persona, ya que suelen ser mucho más pequeñas que las de ternera.

4 cucharadas de aceite de oliva • 450 g de patatas nuevas pequeñas y cortadas por la mitad • 3 dientes de ajo en láminas • 1 puñado pequeño de hojas tiernas de salvia • 4 chuletas de ternera • 200 ml de vino tinto • 400 g de tirabeques • Sal y pimienta negra

1 Caliente la mitad del aceite de oliva en una sartén grande a fuego medio. Saltee las patatas durante 15-20 minutos, dándoles la vuelta de vez en cuando, hasta que se ablanden y se doren. Salpimiente.
2 Mientras tanto, caliente el aceite de oliva restante en una sartén grande a fuego medio-bajo. Fría el ajo con las hojas de salvia durante 2 minutos, removiendo a menudo, hasta que el ajo se ablande.
3 Sazone las chuletas y colóquelas en la sartén. Suba el fuego un poco y fríalas 5 minutos por cada lado, hasta que se doren y estén cocidas. Vierta el vino en la sartén y deje hervir a fuego fuerte durante 4-5 minutos, hasta que la salsa se reduzca.
4 Mientras tanto, cueza al vapor los tirabeques durante 2-3 minutos, hasta que empiecen a ablandarse. Sirva las chuletas con las patatas salteadas y los tirabeques.

BESUGO AL HORNO CON LIMÓN Y ACEITUNAS

El secreto del éxito de este suculento pescado asado es que el horno esté muy caliente; por lo demás, la preparación es muy sencilla y rápida. Pida en la pescadería que le preparen los besugos.

4 besugos pequeños limpios, sin vísceras y sin escamas • 4 cucharadas de aceite de oliva virgen extra • El zumo de 1 limón pequeño • 1 limón cortado en cuartos • 3-4 ramitas de tomillo • 1 puñado de aceitunas negras deshuesadas • 450 g de brécol púrpura
QUÍNOA CON LIMÓN Y PEREJIL: 250 g de quínoa • El zumo y la ralladura de 1 limón • 1 puñado de hojas de perejil picadas • Sal y pimienta negra

1 Precaliente el horno a 220 °C.
2 Haga tres incisiones en la parte superior de cada pescado y colóquelos en una fuente de horno. Pincele el pescado con el aceite de oliva.
3 Rocíe los pescados con un chorrito de limón y disponga encima los cuartos de limón restantes. Esparza el tomillo y las olivas negras y salpimiente. Introdúzcalos en el horno y áselos durante 20 minutos o hasta que estén cocidos.
4 Mientras tanto, ponga la quínoa en una cacerola mediana y cúbrala con agua. Lleve a ebullición, baje el fuego a suave, tape y deje cocer a fuego lento durante 10 minutos o hasta que se ablande. Escúrrala bien, póngala en la cacerola, añada el zumo y la ralladura de limón con el perejil picado, remueva y salpimiente.
5 Al mismo tiempo, cueza al vapor el brécol durante 4-5 minutos, hasta que empiece a ablandarse. Sirva los besugos acompañados de los ramitos de brécol y la quínoa.

< PESCADO CON *TZATZIKI*

Esta receta es una estupenda forma de preparar el pescado blanco. La lima y el *tzatziki* crean un acompañamiento maravillosamente refrescante para el sabor especiado del pescado.

450 g de patatas nuevas cortadas por la mitad • 2 dientes de ajo pelados • 1 cucharada de pimienta negra recién molida, y un poco más al gusto • 1 cucharada de orégano seco • 1 cucharada de hojas de tomillo • 1 cucharadita de pimienta de Cayena o de guindilla • 40 g de mantequilla • 4 filetes de pescado blanco firme de unos 175 g cada uno
TZATZIKI: 300 ml de yogur griego espeso • 1 pepino pequeño pelado, sin semillas y cortado en dados • Sal y pimienta negra recién molida

PARA SERVIR: cuartos de lima y ensalada variada

1 Cueza las patatas en una cacerola con agua hirviendo con sal durante 15-20 minutos y escúrralas.
2 Espolvoree el ajo con una pizca de sal y, con la hoja plana de un cuchillo grande, májelo hasta obtener una pasta. Ponga la pasta de ajo en un cuenco y añada la pimienta negra molida. Agregue, removiendo, las hierbas y la pimienta de Cayena.
3 Caliente la mantequilla en una sartén grande a fuego fuerte. Pincele la parte superior de los filetes de pescado con un poco de mantequilla y esparza por encima la mezcla de especias hasta que queden cubiertos. Fría los filetes en la mantequilla restante, primero con el lado de las especias hacia abajo, durante 3 minutos, hasta que se oscurezcan y estén crujientes.
4 Vierta el yogur en un cuenco. Incorpore, sin dejar de remover, el pepino, y sazone. Sirva el pescado con el *tzatziki*, las patatas, una ensalada de hojas variadas y limón.

SALMONETE AL HORNO CON VINAGRETA DE AJO Y GUINDILLA >

Este aliño ácido y picante le añade un toque chispeante al salmonete. Si solo hay salmonetes de tamaño pequeño, sirva uno por persona.

2 salmonetes grandes y limpios • 2 limones • 2 boniatos pelados y cortados en dados • 2 cucharadas de aceite de oliva • 400 g de guisantes dulces • Sal y pimienta negra
VINAGRETA DE AJO Y GUINDILLA: 1 guindilla seca pequeña • 135 ml de aceite de oliva virgen extra • 2 dientes de ajo cortados en rodajas • 2 cucharadas de tomates secados al sol finamente picados • 1 cucharada de mostaza en grano • 2 cucharadas de ketchup

1 Precaliente el horno a 220 °C.
2 Haga 2 incisiones en la parte superior de cada pescado y colóquelos en una fuente de horno grande. Cuartee los limones y dispóngalos con el pescado y los boniatos. Rocíe con el aceite de oliva y un chorrito del zumo del otro limón. Salpimiente, introdúzcalos en el horno y áselos durante 20 minutos, hasta que estén cocidos y los boniatos se ablanden.
3 Prepare el aliño. Tueste la guindilla en una sartén sin aceite durante 1 minuto, hasta que esté ligeramente chamuscada. Añada el aceite de oliva, el ajo y los tomates secos, y saltee a fuego lento unos 3-4 minutos para que así se impregne de los aromas. Agregue, removiendo, la mostaza y el ketchup, junto con el zumo de limón restante, y sazone al gusto.
4 Cueza los guisantes al vapor 2-3 minutos. Vierta la vinagreta y sírvalos con los boniatos y los guisantes.

PESCADO CON ESPECIAS MARROQUÍES Y CUSCÚS

El pescado rebozado con especias combina a la perfección con este cuscús mantecoso y azafranado.

300 g de cuscús • Una pizca de hebras de azafrán • 500 ml de caldo vegetal o de pollo caliente • 1 puñado de pasas sultanas • 1 puñado de almendras tostadas fileteadas • ½ limón encurtido y troceado • 90 g de mantequilla • 2 cucharadas de semillas de cilantro • 2 cucharadas de semillas de comino • 2 cucharaditas de canela molida • 1 diente de ajo picado • 5-6 cucharadas de aceite de oliva • 4 filetes de abadejo de 200 g cada uno • 1 puñado de hojas de cilantro picadas • Sal y pimienta negra

PARA SERVIR: ensalada de tomate y rúcula

1 Precaliente el horno a 200 °C.
2 Ponga el cuscús en una fuente refractaria y añada, removiendo, el azafrán. Vierta el caldo caliente y remueva, tape y deje reposar de 4-5 minutos. Agregue las pasas, las almendras y el limón, y salpimiente. Distribuya la mitad de la mantequilla, introduzca la fuente en el horno y hornee durante 10 minutos.
3 Mientras tanto, tueste las especias enteras en una sartén sin aceite durante 2 minutos, o hasta que desprendan aroma. Con un mortero, májelas hasta hacerlas polvo, y agregue, removiendo, la canela molida y el ajo junto con 2-3 cucharadas del aceite de oliva hasta obtener una textura de consistencia untable. Unte los filetes de abadejo con la mezcla.
4 Caliente el aceite de oliva restante en una sartén grande a fuego medio-alto. Fría los filetes de abadejo durante 4-5 minutos, hasta que estén crujientes.
5 Retire el cuscús del horno y añada removiendo, la mantequilla y el cilantro restantes. Sírvalos con el cuscús y una ensalada de tomate y rúcula.

BACALAO EN COSTRA DE PARMESANO CON PURÉ DE MAÍZ Y MANTEQUILLA

El puré de maíz y mantequilla es delicioso.

2 cucharadas de harina de trigo • 50 g de parmesano rallado • 2 cucharadas de cebollino picado • 4 filetes de bacalao pelados de unos 175 g cada uno • 1 clara de huevo batida • 4 cucharadas de aceite de oliva • 450 g de macarrones • Sal y pimienta negra
MAÍZ DULCE CON MANTEQUILLA: 350 g de maíz dulce congelado • 1 hoja de laurel • ¼ de cucharadita de azúcar blanquilla • 40 g de mantequilla

1 Ponga el maíz dulce en una cacerola mediana con la hoja de laurel y añada la cantidad suficiente de agua para cubrirlo. Lleve a ebullición y deje cocer a fuego lento durante 3-4 minutos, hasta que se ablande.
2 Mientras, mezcle la harina, el parmesano rallado y el cebollino picado en un plato, y salpimiente.
3 Escurra el maíz dulce y póngalo en una batidora, desechando la hoja de laurel. Añada el azúcar y bata hasta obtener un puré más o menos fino y homogéneo. Póngalo en la cacerola. Agregue, removiendo, la mitad de la mantequilla; salpimiente y vuelva a ponerlo al fuego hasta que se caliente.
4 Pase los filetes de bacalao por la clara de huevo y rebócelos por ambos lados con la mezcla de harina hasta que queden cubiertos. Caliente el aceite en una sartén grande a fuego medio. Fría los filetes durante 4 minutos, hasta que se doren.
5 Cueza los macarrones en agua con sal hasta que estén *al dente*. Escúrralos, y en la cacerola, agregue la mantequilla restante y remueva. Sirva el bacalao con el puré de maíz, la mantequilla y los macarrones.

SALMÓN CON SALSA DE MANTEQUILLA DE LIMÓN

Esta exquisita salsa es un acompañamiento divino para los suculentos filetes de salmón, pero también combina estupendamente con pescado blanco.

450 g de patatas nuevas • 4 filetes de salmón de unos 175 g cada uno • 2 cucharadas de aceite de oliva • El zumo de ½ limón • 450 g de guisantes congelados • Sal y pimienta negra
SALSA DE MANTEQUILLA DE LIMÓN: El zumo de 1 limón • 3 cucharadas de crema de leche espesa • 200 g de mantequilla en dados • 1 puñado de perejil picado

1 Precaliente el horno a 200 °C. Cueza las patatas en una cacerola grande con agua hirviendo con sal durante 15-20 minutos y escúrralas.
2 Mientras, salpimiente el salmón. Caliente el aceite de oliva en una sartén grande a fuego fuerte. Fría los filetes de salmón 2 minutos por lado y páselos a una fuente de asar. Rocíelos con el zumo de limón, introdúzcalos en el horno y áselos durante 6 minutos o hasta que empiecen a estar cocidos pero ligeramente opacos en el centro.
3 Para la salsa, vierta el zumo de limón en un cazo, añada la crema y 3 cucharadas de agua, y ponga el cazo a fuego fuerte. Vaya agregando gradualmente la mantequilla, removiendo bien, hasta que la haya incorporado toda y la salsa espese y adquiera una consistencia cremosa. Añada, removiendo, el perejil picado y sazone al gusto.
4 Cueza los guisantes en una cacerola mediana con agua hirviendo con sal durante 3-4 minutos, y escúrralos. Sirva el salmón con la salsa por encima y acompañado con las patatas y los guisantes tiernos.

ATÚN EN COSTRA DE PIMIENTA CON COMPOTA DE JUDÍAS VERDES

El atún posee una textura carnosa que combina muy bien con esta costra crujiente de granos de pimienta negra. El azúcar suaviza el picante de la pimienta, por lo que no deje de añadirlo.

300 g de cuscús • 500 ml de caldo vegetal caliente • 4 puñados de judías verdes • 1 puñado de tomates cereza cortados • 1 puñado de aceitunas negras deshuesadas • 2 dientes de ajo picados • 135 ml de aceite de oliva • 2 cucharadas de vinagre balsámico • 4 filetes de atún (200 g cada uno) • 2 cucharadas de granos de pimienta negra ligeramente molidos • 1 cucharadita de azúcar mascabado

1 Ponga el cuscús en un cuenco y vierta el caldo caliente hasta cubrirlo. Remueva, tape y deje reposar unos minutos hasta que haya absorbido del caldo. Separe los granos con un tenedor y resérvelo tapado.
2 Blanquee las judías verdes en una cacerola mediana con agua hirviendo durante 2 minutos. Escúrralas y enjuáguelas bajo el grifo. Páselas a una cacerola grande y añada, removiendo, los tomates, las aceitunas y el ajo. Vierta 6 cucharadas del aceite de oliva y el vinagre balsámico, y caliente.
3 Pincele los filetes de atún con un poco del aceite de oliva restante. Mezcle en un cuenco los granos de pimienta molidos y el azúcar y presione la preparación contra los filetes de atún.
4 Caliente el aceite de oliva restante en una plancha. Soase los filetes a la plancha unos 2 minutos, hasta que se tuesten por fuera y estén rosados en el centro. Sirva los filetes acompañados de judías verdes y cuscús.

LUBINA AL HORNO ENVUELTA EN PAPEL DE PERIÓDICO

Asar el pescado envuelto en papel de periódico o en papel para hornear lo mantiene húmedo y suculento, y la mayor parte de la piel se desprende al desenvolverlo. Necesitará 4 hojas de papel.

4 lubinas pequeñas, enteras y limpias • 450 g de judías verdes preparadas
ALIÑO: 125 ml de aceite de oliva virgen extra • 1 tomate grande maduro, sin semillas y troceado • 2 cucharadas de hinojo picado • 1 escalonia picada • 1 diente de ajo picado • El zumo y la ralladura de 1 lima • 1 guindilla seca • Sal y pimienta negra

PARA SERVIR: pan crujiente

1 Precaliente el horno a 220 °C.
2 Humedezca con cuidado cuatro hojas de papel de periódico y envuelva una lubina en cada una de ellas (también puede utilizar papel para hornear). Coloque los pescados en su envoltorio en una fuente de asar y áselos unos 20 minutos o hasta que estén cocidos.
3 Cueza las judías verdes en una cacerola con agua hirviendo con sal durante 4-5 minutos, hasta que se ablanden, y escúrralas.
4 Para preparar el aliño, vierta el aceite de oliva en una cacerola mediana. Agregue, removiendo, el tomate, el hinojo, la escalonia, el ajo y el zumo y la ralladura de la lima, junto con la guindilla desmenuzada, si ha decidido usarla. Salpimiente y ponga la cacerola a fuego lento hasta que se hayan calentado. Vierta el aliño en una salsera.
5 Sirva el pescado envuelto en el papel para que los comensales lo desenvuelvan en la mesa y se sirvan ellos mismos el aliño. Acompañe con las judías verdes y unas rebanadas de pan crujiente.

KOFTAS DE PESCADO CON ARROZ AL COCO

Estas broquetas de carne de pescado picada —especiadas, deliciosas y fáciles de preparar, constituyen una estupenda comida para una barbacoa. Necesitará 8 broquetas de metal.

1 cucharada de semillas de cilantro • 1 cucharada de semillas de comino • 250 g de filetes de pescado blanco pelados • 250 g de gambas crudas y peladas • 1 cucharadita de canela molida • 1 cucharadita de jengibre molido • 1 diente de ajo pelado • La ralladura de 1 limón • 1 cucharadita de azúcar moreno • 2 cucharadas de coco rallado seco • 2 cucharadas de aceite de oliva • Sal
ARROZ AL COCO: 250 g de arroz basmati • 400 ml de leche de coco en conserva

PARA SERVIR: ensalada variada

1 Ponga el arroz en una cacerola mediana con la leche de coco y 200 ml de agua. Lleve a ebullición, baje el fuego, tape, y deje cocer a fuego lento 15 minutos hasta que esté cocido. Retire del fuego y deje reposar.
2 Mientras, tueste las especias en una sartén sin aceite de 2-3 minutos. Con un mortero, májelas.
3 Ponga el pescado y las gambas en una batidora y añada las especias molidas y el ajo. Bata hasta obtener una pasta de textura gruesa y pásela a un cuenco. Añada la ralladura de limón, el azúcar y el coco rallado, y remueva bien. Sazone con sal. Divida la mezcla en 8 porciones y amáselas en *koftas* en forma de salchicha alrededor de las broquetas.
4 Caliente el aceite de oliva en una sartén grande a fuego medio. Fría las *koftas* de 6-7 minutos, dándoles la vuelta, hasta que se doren. Sírvalas con el arroz al coco y una ensalada de hojas variadas.

LINGUINIS CON ALMEJAS Y VINO BLANCO

Esta es mi versión de los *spaghetti alle vongole* (espaguetis con almejas), uno de mis platos clásicos italianos favoritos. También es delicioso con mejillones.

400 g de linguinis secos • 2 cucharadas de aceite de oliva • 3 escalonias finamente picadas • 2 dientes de ajo en láminas • 1 kg de almejas limpias y bien enjuagadas • 100 ml de vino blanco seco • 1 puñado de hojas de perejil picadas

PARA SERVIR: ensalada de tomate y albahaca roja

1 Lleve a ebullición agua con sal en una cacerola grande y cueza los linguinis durante 2 minutos menos de los indicados en el envase, hasta que estén casi *al dente*.
2 Caliente el aceite de oliva en una sartén honda grande a fuego medio-bajo. Fría las escalonias junto con el ajo durante 2 minutos e incorpore las almejas.
3 Suba el fuego, remueva y agregue el vino. Tape y cueza durante 5 minutos o hasta que las almejas se abran. Deseche las que no se hayan abierto.
4 Escurra los linguinis y páselos a la sartén con las almejas. Saltee a fuego lento durante 2 minutos, removiendo de vez en cuando. Añada, removiendo, el perejil picado y sirva los linguinis acompañados de una ensalada de tomate y albahaca roja.

ENSALADA DE LENTEJAS, HIGOS Y FETA

Los higos frescos son ideales con las lentejas y el sabor salado del queso feta. El queso de cabra también combina muy bien.

300 g de lentejas de Puy o pardinas • 4 cucharadas de aceite de oliva virgen extra • 1 cebolla picada • 1 diente de ajo picado • 1 cucharadita de romero finamente picado • 3 cucharadas de vinagre balsámico • 3 higos maduros cortados en dados • 250 g de queso feta desmenuzado • Sal y pimienta negra

PARA SERVIR: ensalada de rúcula y pan crujiente

1 Cueza las lentejas en una cacerola mediana con agua hirviendo durante 20 minutos o hasta que se ablanden.
2 Mientras tanto, caliente 2 cucharadas del aceite de oliva en una cacerola mediana a fuego medio. Fría la cebolla, el ajo y el romero picado durante 2 minutos, hasta que se ablanden.
3 Escurra las lentejas cocidas e incorpórelas a la cacerola con la cebolla. Añada, removiendo, el vinagre balsámico y el aceite de oliva restante. Salpimiente.
4 Esparza los higos y el queso feta sobre las lentejas. Sazone con una pizca de pimienta, y sirva la ensalada de lentejas tibia acompañada de una ensalada de rúcula y unas rebanadas de pan crujiente.

TORTITAS DE FETA Y MAÍZ CON SALSA >

Estas sabrosas tortitas siempre tienen éxito, con la salsa que aporta un toque estimulante.

350 g de maíz dulce congelado • 3 huevos con las claras y las yemas separadas • 1 cebolla morada finamente picada • 2 cucharadas de cebollino picado • 50 g de harina con levadura • 150 g de queso feta desmenuzado • 30 g de mantequilla
SALSA: 1 aguacate deshuesado y cortado en dados • 1 mango deshuesado y cortado en dados • 1 papaya sin semillas y cortada en dados • 1 cebolla morada picada • 1 pimiento rojo sin semillas y cortado en dados • El zumo de 1 lima • 1 puñado de hojas de cilantro picadas • Sal y pimienta negra

PARA SERVIR: cuartos de lima y ensalada de rúcula

1 Ponga el maíz en un cuenco grande. Añada las yemas de huevo, la cebolla y el cebollino, y mezcle con la harina y el feta. Salpimiente.
2 Bata las claras a punto de nieve y mézclelas con cuidado con el maíz.
3 Derrita un tercio de la mantequilla en una sartén grande a fuego medio. Ponga 4 cucharadas generosas de la masa en la sartén, dejando un espacio entre ellas, y fríalas de 2-3 minutos por lado, hasta que se doren. Mantenga las tortitas calientes y repita el proceso utilizando el resto de la mantequilla y de la masa para preparar 12 tortitas en total.
4 Elabore la salsa de frutas. Mezcle todos los ingredientes en un cuenco y sazone al gusto.
5 Sirva con gajos de lima, salsa de frutas y una ensalada de rúcula.

TARTALETAS SALADAS DE MAÍZ

15 g de mantequilla, y más para engrasar • 450 g de patatas nuevas • 225 g de pasta de hojaldre extendida • 2 huevos • 3 cucharadas de queso mascarpone • 4 cucharadas de parmesano rallado • 150 g de maíz dulce • Hojas de tomillo • 450 g de ramitos de brécol • Sal y pimienta negra recién molida

1 Precaliente el horno a 220 °C y engrase ligeramente un molde para magdalenas de 12 cavidades.

2 Cueza las patatas en una cacerola con agua hirviendo con sal (15-20 minutos), hasta que estén blandas. Escúrralas, vuelva a ponerlas en la cacerola, añada la mantequilla y remueva.

3 Corte discos de la masa de hojaldre y forre el molde.

4 Bata en un cuenco los huevos con el mascarpone hasta que la mezcla adquiera una consistencia fina y homogénea, e incorpore, removiendo, el parmesano rallado, el maíz, el tomillo y los condimentos. Coloque el relleno en el molde y hornee de 8-10 minutos, hasta que las tartaletas estén cocidas.

5 Cueza al vapor el brécol (5 minutos), hasta que se ablande. Sirva las tartaletas con las patatas y el brécol.

BONIATOS CON QUESOS

Este delicioso plato principal sin carne constituye una cena sustanciosa y reconfortante para las frías noches de invierno. Si no encuentra queso taleggio, utilice en su lugar otro queso fundente de calidad, como el reblochon francés o el gubbeen irlandés.

1 kg de boniatos pelados y cortados en dados • 600 ml de crema de leche espesa • 2 dientes de ajo pelados • 2 cucharadas de hojas de tomillo • 200 g de taleggio cortado en dados • Sal y pimienta negra

PARA SERVIR: ensalada de berros, rúcula y espinacas

1 Cueza los boniatos en una cacerola grande con agua hirviendo con sal durante 10-15 minutos, hasta que se ablanden.
2 Mientras, precaliente el grill del horno a temperatura alta.
3 Vierta la crema en un cazo de fondo grueso, añada el ajo, el tomillo y una pizca de sal y pimienta, y lleve a ebullición.
4 Escurra los boniatos y colóquelos en una fuente para gratinar grande o en una fuente para servir refractaria plana. Esparza el queso taleggio sobre los boniatos y vierta la mezcla de crema por encima hasta cubrirlos.
5 Sazone con una pizca de pimienta y gratine bajo el grill durante 3-4 minutos, hasta que se derrita y se dore ligeramente. Sirva los boniatos acompañados de una ensalada de berros, rúcula y espinacas.

MACARRONES CON CALABACÍN Y PASAS SULTANAS

Este sencillo plato de pasta también puede servirse con unas migas doradas y crujientes esparcidas por encima (*véase* pág. 80).

400 g de macarrones secos • 2 cucharadas de harina • 2 calabacines cortados en tiras • 3 cucharadas de aceite de oliva • 2 dientes de ajo cortados en láminas • ½ cucharadita de semillas de hinojo • 2 puñados de piñones • 150 g de pasas sultanas • La ralladura de 1 limón • Sal y pimienta negra

PARA SERVIR: ensalada verde

1 Lleve a ebullición agua con sal en una cacerola grande y cueza los macarrones durante 2 minutos menos de los indicados en el envase, hasta que estén casi *al dente*.
2 Ponga la harina en un plato y salpiméntela. Enharine las tiras de calabacín.
3 Caliente el aceite de oliva en una sartén honda grande a fuego medio. Fría las tiras de calabacín, el ajo y las semillas de hinojo durante 1-2 minutos, removiendo, hasta que el calabacín se dore.
4 Añada, removiendo, los piñones y las pasas, y saltee durante otro minuto, hasta que los piñones se doren y las pasas se ablanden. Agregue la ralladura de limón y sazone al gusto.
5 Escurra la pasta e incorpórela a la sartén. Saltee durante 2 minutos, removiendo, hasta que la pasta se haya impregnado de los sabores de los demás ingredientes. Sirva con una ensalada verde.

TORTILLA DE HIERBAS FRESCAS Y RICOTTA

Esta sencilla tortilla es ideal para una cena rápida acompañada con pan chapata de aceitunas y una ensalada variada.

9 huevos grandes ligeramente batidos • 30 g de mantequilla • 250 g de ricotta • 1 manojo pequeño de cebollas tiernas, cortadas en rodajas finas • 1 manojo pequeño de cebollino picado • Sal y pimienta negra

PARA SERVIR: pan chapata de aceitunas y ensalada de tomate y hojas variadas

1 Precaliente el grill del horno a temperatura alta.
2 Salpimiente los huevos batidos. Derrita la mantequilla en una sartén honda grande con mango refractario. Vierta los huevos batidos en la sartén y cuézalos a fuego lento durante 10 minutos, hasta que la base de la tortilla cuaje y se dore ligeramente.
3 Coloque unas cucharadas pequeñas de ricotta encima de la tortilla y póngala bajo el grill durante 3-5 minutos o hasta que la parte superior empiece a cuajarse.
4 Esparza las cebollas sobre la tortilla y espolvoree con el cebollino picado. Sírvala cortada en cuartos y acompañada de unas rebanadas de chapata y una ensalada de tomate y hojas variadas.

SOPA DE ALUBIAS BLANCAS Y CALABACÍN

Esta riquísima sopa espesa está deliciosa cuando se rocía con un chorrito de aceite de oliva virgen extra afrutado.

6 cucharadas de aceite de oliva virgen extra • 1 cebolla pequeña picada • 2 tallos de apio picados • 2 dientes de ajo picados • 2 puñados de perejil picado • 850 g de calabacines troceados • 400 g de alubias blancas en conserva, escurridas y enjuagadas • Sal y pimienta negra

PARA SERVIR: pan crujiente y queso azul, como roquefort o gorgonzola

1 Caliente 2 cucharadas del aceite de oliva en una cacerola grande a fuego medio. Fría la cebolla, el apio, el ajo y la mitad del perejil picado de 4-5 minutos, hasta que se ablanden, pero sin que llegen a dorarse.
2 Añada los calabacines y fríalos durante 5 minutos más, hasta que se ablanden y empiecen a tomar color.
3 Agregue, removiendo, las alubias con 125 ml de agua. Cueza durante 8-10 minutos, aplastando ligeramente las alubias con el dorso de un tenedor. Sazone con sal y abundante pimienta.
4 Vierta la sopa en 4 cuencos, rocíe con el aceite de oliva restante y espolvoree con el resto del perejil picado. Sírvala acompañada con unas rebanadas de pan crujiente y un queso azul.

CLAFOUTIS DE TOMATES CEREZA

Este sabroso plato está basado en el famoso *clafoutis* **de cerezas y constituye una estupenda cena acompañado de una ensalada de rúcula.**

15 g de mantequilla • 4 cucharadas de parmesano rallado • 300 g de tomates cereza • 6 huevos batidos • 250 ml de crema de leche espesa • 90 g de harina tamizada • 8 rebanadas de chapata • Aceite de oliva virgen extra para aliñar • Unas hojas de albahaca • Sal y pimienta negra

PARA SERVIR: ensalada de rúcula, espinacas y berros

1 Precaliente el horno a 200 °C.
2 Unte con mantequilla 4 fuentes para gratinar individuales o 1 grande. Espolvoree el fondo con una cucharada del parmesano rallado y disponga los tomates encima. Reserve.
3 En un cuenco, bata los huevos con la crema y el parmesano rallado restante hasta que la mezcla adquiera una consistencia ligera y esponjosa, e incorpore, removiendo, la harina. Salpimiente. Vierta la preparación sobre los tomates. Hornee durante 15-20 minutos, hasta que la masa suba y se dore.
4 Mientras tanto, caliente una plancha a fuego fuerte. Ponga las rebanadas de pan chapata en la plancha (puede que tenga que cocerlas en 2 tandas) durante 4-5 minutos, dándoles la vuelta una vez, o hasta que se hayan tostado y chamuscado un poco. Rocíe cada tostada con un chorrito de aceite de oliva.
5 Esparza la albahaca sobre los *clafoutis* y sírvalos calientes con las tostadas de chapata y una ensalada de rúcula, espinacas y berros.

30 MINUTOS BASTAN PARA PREPARAR UNA BUENA COMIDA, CUANDO EN REALIDAD ES UN ESPACIO DE TIEMPO MUY BREVE SI CONSIDERAMOS LAS 24 HORAS QUE TIENE EL DÍA. ESTO DEMUESTRA QUE UN PLATO RÁPIDO PUEDE SER UNA ESTUPENDA COMIDA CASERA. PRUEBE EL *RISOTTO* DE FLORES DE CALABACÍN O LOS *KEBABS* DE CORDERO CON CUSCÚS ENJOYADO: ESTOY SEGURA DE QUE ME DARÁ LA RAZÓN.

PLATOS LISTOS EN TREINTA MINUTOS

POLLO AL CURRY CON CUSCÚS DE ALMENDRAS

Puede sustituir las alitas de pollo por trozos de carne de la pechuga o del muslo, si lo prefiere.

12 alitas de pollo pequeñas • El zumo de 1 naranja • 1 cucharada de miel líquida • 2 cucharaditas de pasta de curry suave • 300 g de cuscús • 500 ml de caldo de pollo o vegetal caliente • 1 puñado de almendras tostadas fileteadas • 1 puñado grande de pasas sultanas • 90 g de mantequilla • 1 puñado de hojas de perejil picadas • Sal y pimienta negra

PARA SERVIR: ensalada de hojas y hierbas variadas

1 Precaliente el horno a 200 °C.
2 Coloque las alitas de pollo en una fuente de asar y salpiméntelas. En un cuenco, mezcle el zumo de naranja, la miel y la pasta de curry, y vierta la preparación sobre el pollo. Dé la vuelta a las alitas varias veces en la mezcla hasta cubrirlas, y áselas 25 minutos, hasta que estén cocidas y doradas.
3 Ponga el cuscús en una fuente refractaria poco honda y vierta el caldo caliente por encima. Remueva, tape y deje reposar el cuscús durante 4-5 minutos, hasta que haya absorbido el caldo. Separe los granos con un tenedor y añada, removiendo, las almendras fileteadas y las pasas sultanas, y salpimiente. Distribuya la mitad de la mantequilla por encima y hornee 10 minutos o hasta que se haya calentado.
4 Retire el cuscús del horno y agregue, removiendo, la mantequilla restante y el perejil picado. Dispóngalo en una fuente para servir y coloque encima las alitas de pollo; vierta por encima los fondos de cocción. Sírvalo acompañado de una ensalada de hojas y hierbas variadas.

ROLLOS DE POLLO ENVUELTOS EN JAMÓN SERRANO

Estos suculentos rollos de pollo contienen fragantes tomates secados al sol y aromática salvia. Es preferible utilizar hojas pequeñas.

4 pechugas de pollo deshuesadas y peladas de unos 175 g cada una • 8 tomates secados al sol en aceite y escurridos • 8 hojas pequeñas de salvia • 8 lonchas de jamón serrano • 2 cucharadas de aceite de oliva • 5 cucharadas de vino blanco seco • 450 g de patatas nuevas • 30 g de mantequilla • 450 g de guisantes congelados • Sal y pimienta negra

1 Ponga una pechuga de pollo entre dos láminas de film transparente y aplánela con un mazo para carne o un rodillo; repita el proceso con el resto de pechugas. Córtelas por la mitad y salpiméntelas.
2 Coloque un tomate secado al sol y una hoja pequeña de salvia hacia el extremo de cada media pechuga. Enrolle cada una de estas tres veces hasta hacer un rollo y envuélvalo en una loncha de jamón.
3 Caliente el aceite de oliva en una sartén grande a fuego medio. Fría los rollos 10 minutos por lado o hasta que el jamón se dore y el pollo esté cocido. Vierta el vino en la sartén y sazone al gusto. Cueza, raspando los fondos de cocción, unos 3 minutos más, hasta que el vino se haya reducido.
4 Cueza las patatas en una cacerola grande con agua hirviendo con sal, durante 15-20 minutos, hasta que se ablanden. Escúrralas, póngalas en la cacerola, añada la mitad de la mantequilla y remueva.
5 Cueza los guisantes con agua hirviendo con sal, 3-4 minutos. Escúrralos, póngalas en la cacerola, agregue la mantequilla restante y remueva. Sirva los rollos de pollo acompañados de los guisantes y las patatas.

PECHUGAS DE POLLO AL HORNO CON TOMATES CEREZA Y MASCARPONE

Si añade un puñado de aceitunas negras a la cremosa salsa de tomate le dará sabor y ofrecerá un precioso contraste de color.

4 pechugas de pollo deshuesadas y peladas de unos 175 g cada una • 3 escalonias picadas • 2 dientes de ajo cortados en láminas • 300 g de tomates cereza cortados por la mitad • 6 cucharadas de vino blanco seco • 2 cucharadas de aceite de oliva • 4 cucharadas de queso mascarpone • 1 puñado pequeño de hojas de albahaca • Sal y pimienta negra

PARA SERVIR: ensalada de hojas de espinaca y chapata

1 Precaliente el horno a 200 °C.
2 Disponga las pechugas de pollo en una fuente refractaria y esparza las escalonias y el ajo por encima. Ponga los tomates encima y alrededor de las pechugas.
3 Vierta el vino en la fuente, rocíe las pechugas con el aceite de oliva, salpimiente y hornee 20 minutos.
4 Retire la fuente del horno y distribuya el mascarpone por encima y alrededor de las pechugas. Introduzca la fuente en el horno y hornee durante 5 minutos más, hasta que el queso empiece a derretirse. Esparza por encima las hojas de albahaca, y sirva las pechugas acompañadas de una ensalada de hojas de espinaca y unas rebanadas de chapata.

FILETES DE PAVO DORADOS CON SALSA *TARATOR*

La salsa *tarator* es una especialidad turca, que se suele servir acompañando al pescado o al pollo asados a la parrilla.

3 cucharadas de harina • 1 cucharada de hojas de perejil finamente picadas • 4 filetes de pavo de unos 175 g cada uno • 1 huevo batido • 3 cucharadas de aceite de oliva • 1,25 kg de judiones en conserva • 2 dientes de ajo picados • 4 cucharadas de aceite de oliva virgen extra
SALSA TARATOR: 2 rebanadas pequeñas de pan blanco del día anterior, sin la corteza • 2 dientes de ajo picados • 75 g de nueces troceadas • El zumo de ½ limón, o al gusto • 5 cucharadas de aceite de oliva virgen extra • Sal y pimienta negra

PARA SERVIR: ensalada variada

1 Para preparar la salsa *tarator*, ponga el pan en una batidora y pique hasta conseguir unas migas gruesas. Añada el ajo y las nueces, y bata hasta obtener una pasta de textura gruesa. Agregue el zumo de limón y el aceite de oliva, salpimiente y bata. Reserve.
2 Mezcle la harina y el perejil picado, y sazone al gusto.
3 Pase los filetes de pavo por el huevo batido, elimine el exceso y rebócelos por ambos lados en la mezcla de harina.
4 Caliente el aceite de oliva en una sartén grande a fuego medio. Fría los filetes de pavo 4 minutos por lado o hasta que se doren y estén cocidos.
5 Mientras, ponga una cacerola mediana al fuego con los judiones, el ajo y el aceite de oliva virgen extra, removiendo de vez en cuando. Bata los judiones y aliñe. Sirva con el puré, la salsa *tarator* y una ensalada variada.

PATO A LA MIEL CON SALSA DE GRANADA

450 g de patatas nuevas • 15 g de mantequilla
• 4 pechugas de pato de 175 g • 2 cucharadas de
miel • 3 cucharadas de aceite de oliva virgen extra
• 450 g de judías verdes finas • Semillas de granada
SALSA DE GRANADA: 100 ml de aceite de oliva
• 3 escalonias picadas • 2 dientes de ajo picados
• 1 puñado de orejones de albaricoque finamente
picados • 2 cucharadas de melaza de granada
• 1 cucharada de miel líquida • 4 cucharadas de
salsa Worcestershire • 100 ml de caldo de pollo
• Sal y pimienta negra

1 Precaliente el horno a 200 °C.
2 Cueza las patatas en una cacerola grande con agua
con sal hirviendo durante 15-20 minutos. Escúrralas,
agregue la mantequilla y remueva.
3 Prepare la salsa de granada. Caliente la mitad del
aceite de oliva en una cacerola mediana. Fría las
escalonias con el ajo durante 2 minutos. Añada
los albaricoques, la melaza, la miel y la salsa
Worcestershire. Incorpore el caldo, lleve a ebullición,
baje el fuego y deje cocer a fuego lento durante
8-10 minutos. Salpimiente.
4 Caliente el aceite de oliva restante en una sartén
grande a fuego medio. Fría las pechugas, con el lado
de la piel hacia abajo, 2-3 minutos, hasta que se dore,
y fríalas por cada lado 2 minutos más. Páselas a una
fuente de asar y pincélelas con miel. Sazone al gusto
y áselas 12 minutos, hasta que estén cocidas.
5 Cueza las judías verdes en una cacerola mediana
con agua hirviendo con sal durante 3-4 minutos, hasta
que estén *al dente*, y escúrralas. Para servir, corte
las pechugas en lonchas y dispóngalas en forma
de abanico. Vierta la salsa, esparza las semillas de
granada y sírvalas con las judías verdes y las patatas.

LASAÑA CRUJIENTE DE PATO >

**Este plato se compone de varias capas de
crujientes obleas de *wonton*.**

Aceite de cacahuete o de girasol para freír • 8 obleas
de *wonton* • 1 diente de ajo picado • 1 cucharada de
miel líquida • 1 cucharada de salsa de soja clara
• 1 cucharada de pasta de tamarindo • 1 cucharadita
de mostaza en grano • El zumo de 1 lima • 500 g de
pechugas de pato en tiras • 1 zanahoria cortada fina
• 4 cebollas tiernas cortadas en rodajas en diagonal
• 1 pimiento rojo sin semillas y en rodajas • 1 puñado
de guisantes dulces • 1 puñado de brotes de soja
• 2 puñados de ensalada de hierbas y hojas de
cilantro • 2 cucharaditas de semillas de sésamo
tostadas • Sal y pimienta negra

ALIÑO: 4 trozos de jengibre picados • 4 cucharadas
de almíbar de jengibre • 2 cucharadas de salsa de
soja clara • 4 cucharadas de aceite de cacahuete

1 Precaliente el grill del horno a temperatura alta.
2 Caliente en un wok aceite suficiente para freír los
wonton. Fríalos hasta que se doren, y deje que se
escurran sobre papel de cocina. Reserve.
3 En un cuenco grande, mezcle el ajo, la miel, la salsa
de soja, la pasta de tamarindo, la mostaza y el zumo de
lima. Incorpore el pato a la preparación y remueva
hasta que quede cubierto. Ase las tiras de pato bajo
el grill durante 8-10 minutos, dándoles la vuelta una
vez y untándolas con el aliño, hasta que estén lustrosas.
4 Ponga todas las verduras con la ensalada de hierbas
en un cuenco grande. Mezcle los ingredientes del
aliño en un cuenco, salpimiente y vierta por encima
de la ensalada.
5 Disponga una oblea de *wonton* en cada plato para
servir. Coloque encima un buen puñado de ensalada
y corone con las tiras de pato. Coloque un segundo
wonton encima del pato. Rocíe con el resto del aliño,
esparza por encima las semillas de sésamo y sirva.

< HAMBURGUESAS DE CERDO CON QUESO AZUL Y SALSA DE CEBOLLA MORADA

Para preparar estas suculentas hamburguesas, utilice carne de cerdo de calidad bien picada. Su sabor será más pronunciado con un queso azul.

450 g de carne de cerdo picada de calidad • 1 cebolla finamente picada • 2 cucharadas de salsa de soja • 115 g de queso azul, como roquefort, gorgonzola o stilton, cortado en lonchas • Sal y pimienta negra recién molida
SALSA DE CEBOLLA MORADA: 2 cucharadas de aceite de oliva • 2 cebollas moradas cortadas en cuartos finos • 2 cucharadas de vinagre balsámico • 1 cucharada de aceite de guindilla

PARA SERVIR: 4 panes crujientes y ensalada de rúcula

1 Precaliente el grill del horno a temperatura alta.
2 En un cuenco grande, mezcle la carne picada con la cebolla y la salsa de soja, y salpimiente. Forme 4 hamburguesas.
3 Áselas bajo el grill unos 4 minutos, hasta que estén cocidas. Coloque un cuarto del queso sobre cada hamburguesa y gratine bajo el grill.
4 Prepare la salsa de cebolla. Caliente una plancha con un chorro de aceite a fuego fuerte. Fría los cuartos de cebolla 10 minutos, hasta chamuscarse. Retire la plancha del fuego y añada el vinagre balsámico, el aceite de guindilla y el de oliva restante.
5 Disponga la mitad de un panecillo en cada plato para servir. Coloque la hamburguesa y vierta una cucharada de salsa de cebolla. Ponga la otra mitad del panecillo al lado, y sirva con rúcula.

CHULETAS DE CERDO CON SALSA DE CHAMPIÑONES Y MOSTAZA

Lujosa receta para un cena especial.

2 cucharadas de aceite de oliva • 4 dientes de ajo (2 cortados en láminas y 2 picados) • 4 chuletas de cerdo gruesas, de unos 175 g cada una • 450 g de champiñones en láminas • 6 cucharadas de vino de Marsala o jerez dulce • 4 cucharadas de crema de leche espesa • 1 cucharada de mostaza en grano • 1 puñado de hojas de perejil picadas • 90 ml de aceite de oliva virgen extra • 600 g de calabacines en rodajas • 1,25 kg de alubias en conserva escurridas y enjuagadas • Sal y pimienta negra

1 Caliente a fuego medio el aceite de oliva en una sartén antiadherente grande. Fría el ajo cortado en láminas durante 30 segundos y añada las chuletas. Fríalas de 6-8 minutos, dándoles la vuelta una vez, hasta que se doren. Incorpore los champiñones y saltee, removiendo a menudo, durante 5 minutos más.
2 Agregue el vino de Marsala y cueza unos 3 minutos, hasta que se haya reducido, y añada, removiendo, la crema, la mostaza y el perejil picado. Salpimiente. Cueza unos 3 minutos más o hasta que la salsa espese y las chuletas estén cocidas.
3 Mientras, caliente 3 cucharadas del aceite de oliva virgen extra en una sartén grande a fuego medio-alto. Fría el calabacín de 3-4 minutos, hasta que se dore.
4 Ponga una cacerola al fuego con las alubias, el aceite restante y el ajo, y remueva, hasta que se hayan calentado. Reduzca a puré y sazone. Sirva con la salsa, el puré y las rodajas de calabacín fritas.

GUISO DE ALUBIAS CON SALCHICHAS

Utilice salchichas de calidad con un alto contenido en carne y el resultado será delicioso. Para los amantes del picante, una guindilla seca desmenuzada añadirá un toque adicional.

2 cucharadas de aceite de oliva • 1 cebolla picada • 8 salchichas de cerdo de calidad • 400 g de tomates cereza en conserva • 200 ml de caldo de buey o de pollo • 1 cucharadita de semillas de hinojo • 1 guindilla seca (opcional) • 400 g de alubias blancas en conserva, escurridas y enjuagadas • 350 g de hojas tiernas de espinaca • 1 puñado de hojas de perejil picadas • Sal y pimienta negra

1 Caliente el aceite de oliva en una cazuela a fuego medio. Fría la cebolla con las salchichas durante 5 minutos, removiendo a menudo, hasta que las salchichas se doren por completo.
2 Añada los tomates, el caldo y las semillas de hinojo, y agregue la guindilla desmenuzada, si la utiliza. Incorpore las alubias y salpimiente.
3 Lleve a ebullición, baje el fuego y deje cocer a fuego lento durante 15 minutos. Incorpore, removiendo, las espinacas, y cueza durante 5 minutos más, hasta que las salchichas estén cocidas y la salsa se haya reducido y espesado. Agregue, removiendo, el perejil picado y sirva.

FILETE DE JAMÓN CON LENTEJAS Y HUEVOS ESCALFADOS

El *vincotto* es un vinagre italiano delicioso y untuoso, y su sabor profundo y dulce combina muy bien con el sabor de las lentejas. Si, además, le añade el sabor salado del jamón y un huevo escalfado con la yema líquida, tendrá un plato divino.

300 g de lentejas de Puy o pardinas • 4 filetes de jamón de unos 175 g cada uno • 5 cucharadas de aceite de oliva virgen extra • Un chorrito de vinagre de vino blanco • 4 huevos grandes • 1 cebolla picada • 1 diente de ajo picado • 2 cucharadas de vinagre *vincotto* o balsámico • Sal y pimienta negra

PARA SERVIR: ensalada de rúcula

1 Cueza las lentejas durante 20-25 minutos.
2 Precaliente el grill del horno a temperatura media-alta. Pincele los filetes con 1 cucharada del aceite de oliva y áselos bajo el grill durante 2-3 minutos por cada lado, hasta que estén cocidos.
3 Lleve a ebullición agua en una sartén grande y añada el vinagre de vino blanco. Baje el fuego. Casque los huevos uno a uno en un platito e introdúzcalos con cuidado en el agua hirviendo a fuego lento. Recoja la clara alrededor de la yema con una cuchara y escalfe hasta que cuaje, pero la yema se mantenga líquida.
4 Mientras los huevos se escalfan, caliente 2 cucharadas del aceite de oliva en una sartén grande a fuego medio. Fría la cebolla con el ajo 2 minutos. Escurra las lentejas, incorpórelas a la sartén, remueva con el vinagre *vincotto* y el aceite restante. Sazone al gusto.
5 Sirva las lentejas con el huevo escalfado y el filete de jamón, y acompañe con una ensalada de rúcula.

KEBABS DE CORDERO CON CUSCÚS ENJOYADO

Estos *kebabs* de cordero están inspirados en un plato llamado *arrosticini*, que es una especialidad de la región italiana de los Abruzos. Allí se preparan con carnero, pero con cordero son igual de deliciosos. Necesitará 4 broquetas de metal.

450 g de filete de cordero desgrasado y cortado en dados • 300 g de cuscús • 500 ml de caldo de pollo o vegetal caliente • Las semillas de 1 granada • 1 puñado de pistachos sin sal • 4 cucharadas de maíz dulce • 1 puñado de arándanos rojos secos o de guindas secas • 90 g de mantequilla • 1 puñado de hojas de cilantro picadas • Sal y pimienta negra

PARA SERVIR: ensalada de berros

1 Precaliente el horno a 200 °C.
2 Ensarte 6 dados de cordero en cada broqueta.
3 Ponga el cuscús en una fuente refractaria poco honda y vierta el caldo caliente por encima hasta cubrirlo. Remueva, tape y deje reposar durante 4-5 minutos, hasta que haya absorbido el caldo. Separe los granos de cuscús con un tenedor, y añada, removiendo, las semillas de granada, los pistachos, el maíz y los arándanos rojos.
4 Distribuya la mitad de la mantequilla por encima de manera uniforme y hornee durante 10 minutos o hasta que se haya calentado. Retire del horno y agregue removiendo la mantequilla restante y el cilantro picado. Mantenga caliente.
5 Caliente el grill del horno a temperatura alta. Salpimiente los *kebabs* de cordero y áselos bajo el grill durante 5 minutos, dándoles la vuelta, hasta que estén cocidos. Sírva acompañados del cuscús y una ensalada de berros.

CORDERO SOASADO CON CEBOLLAS A LA CANELA

No caiga en la tentación de agregar más canela: lo que queremos es añadir un agradable toque especiado, no anular los demás sabores.

450 g de filete de cordero desgrasado y cortado en lonchas • 2 cucharadas de aceite de oliva • 1 cucharadita de tomillo • 1,25 kg de garbanzos en conserva escurridos y enjuagados • 2 dientes de ajo picados • 3 cucharadas de aceite de oliva virgen extra • Sal y pimienta negra
CEBOLLAS A LA CANELA: 2 cucharadas de aceite de oliva • 3 cebollas moradas cortadas • 1 cucharadita de canela molida • 1 cucharada de azúcar blanquilla • 100 ml de vino tinto • 2 cucharadas de vinagre de vino

PARA SERVIR: ensalada de hojas de espinaca

1 Para las cebollas, caliente el aceite de oliva en una sartén grande a fuego medio. Fríalas con la canela 1 minuto, removiendo a menudo. Añada el azúcar y saltee otro minuto. Vierta el vino y el vinagre con 3 cucharadas de agua. Lleve a ebullición, baje el fuego y cueza a fuego lento 20 minutos, removiendo, hasta que las cebollas se ablanden y estén pegajosas.
2 Pincele el filete con el aceite de oliva, salpimiéntelo y esparza por encima el tomillo. Caliente una plancha a fuego medio-alto y soase el filete 2 minutos por lado, hasta que esté cocido a su gusto.
3 Ponga al fuego una cacerola con los garbanzos, 3 cucharadas de agua caliente, el ajo y el aceite de oliva virgen, removiendo de vez en cuando, hasta que se hayan calentado. Bata hasta recucir los garbanzos a puré, y sazone. Sirva el cordero con el puré de garbanzos, las cebollas y una ensalada de espinacas.

FILETE CON SALSA MARSALA

El marsala es un vino fortificado siciliano que otorga un sabor delicioso tanto a las salsas dulces como a las saladas. No hay que pagar una fortuna para adquirir una botella de este vino y cunde mucho, por lo que merece la pena tenerlo a mano.

600 g de patatas harinosas y cortadas en trozos
• 3 cucharadas de leche caliente • 4 cucharadas de aceite de oliva • 2 cebollas cortadas finas
• 4 filetes de buey de 175 g cada uno • 175 ml de marsala o de jerez dulce • 450 g de ramitos de brécol • Sal y pimienta negra

1 Cueza las patatas en una cacerola grande con agua hirviendo con sal durante 15-20 minutos, hasta que se ablanden, y escúrralas. Póngalas en la cacerola, añada la leche caliente y 1 cucharada del aceite de oliva, y aplástelas hasta obtener un puré fino y homogéneo. Manténgalo caliente.
2 Caliente 2 cucharadas del aceite de oliva en una sartén antiadherente a fuego medio. Fría las cebollas 10 minutos, removiendo, hasta que se doren.
3 Caliente una plancha grande a fuego fuerte. Pincele los filetes con el aceite de oliva restante, salpimiente y áselos a la plancha durante 2-3 minutos por cada lado.
4 Incorpore las cebollas fritas a la plancha con los filetes y agregue, removiendo, el marsala. Deje cocer a fuego fuerte 2-3 minutos, hasta que el vino se haya reducido y espesado y las cebollas estén brillantes.
5 Mientras los filetes se están cociendo, hierva el brécol en una cacerola grande con agua con sal 4-5 minutos, hasta que se ablande, y escúrralo. Sirva los filetes con la salsa por encima, acompañados con el puré de patatas y los ramitos de brécol.

ALBÓNDIGAS AL HORNO CON LIMÓN Y LAUREL >

Estas sabrosas albóndigas se hornean en vino blanco con unos cuartos de limón y unas aromáticas hojas de laurel. Puede utilizar carne de cerdo picada de buena calidad en lugar de la ternera, si lo prefiere.

450 g de ternera picada • 100 g de parmesano rallado • 1 cucharadita de orégano seco • 6 hojas de salvia finamente picadas • 2 cucharadas de aceite de oliva • 150 ml de vino blanco seco • 1 limón cortado en cuartos finos • 6 hojas de laurel • 450 g de espaguetis secos • Sal y pimienta negra

PARA SERVIR: ensalada de hojas verdes

1 Precaliente el horno a 220 °C.
2 Ponga la carne picada en un cuenco y añada, removiendo, el parmesano rallado y las hierbas. Salpimiente y amase la mezcla en forma de bolas, cada una del tamaño aproximado de una nuez pequeña.
3 Caliente el aceite de oliva en una sartén antiadherente grande a fuego fuerte. Fría las albóndigas de 3-4 minutos, dándoles la vuelta de vez en cuando, hasta que se doren ligeramente.
4 Pase las albóndigas a una fuente refractaria y vierta el vino. Esparza los cuartos de limón y las hojas de laurel, y hornee durante 20 minutos hasta que las albóndigas estén cocidas.
5 Cueza los espaguetis. Lleve a ebullición agua con sal en una cacerola grande y cueza la pasta 10 minutos o hasta que esté *al dente*. Escúrrala, póngala en la cacerola, incorpore las albóndigas y el jugo que haya quedado en la fuente refractaria, y remueva. Vierta los espaguetis en una fuente y sírvalos con una ensalada verde.

EGLEFINO AHUMADO AL GRATÉN

En lugar de las patatas y las espinacas, una sencilla ensalada y pan crujiente son un acompañamiento perfecto para este cremoso gratén de pescado.

450 g de patatas nuevas • 55 g de mantequilla • 1 kg de filete de eglefino ahumado • 1 hoja de laurel • 300 ml de leche • 2 cucharadas de harina • 150 ml de crema de leche espesa • 2 cucharaditas de mostaza en grano • 2 yemas de huevo • 4 cucharadas de parmesano rallado • 1 kg de hojas de espinacas lavadas • Pimienta negra

1 Precaliente el horno a 200 °C.
2 Cueza las patatas con agua con sal hasta que se ablanden. Escúrralas y, en una cacerola, agregue la mantequilla y remueva. Manténgalas calientes.
3 Ponga el filete de eglefino en una sartén grande, añada la hoja de laurel y vierta encima la leche. Cueza 5 minutos a fuego medio-bajo, hasta que el pescado esté casi opaco. Retírelo y desmenúcelo en trozos grandes. Páselo a una fuente refractaria. Cuele la leche y resérvela.
4 Derrita 2 cucharadas de la mantequilla en un cazo a fuego medio. Incorpore la harina y cueza, removiendo, unos 3 minutos. Vierta gradualmente la leche de cocción y cueza, sin dejar de remover, durante 2 minutos o hasta que se espese. Incorpore, batiendo, la crema, la mostaza y las yemas de huevo, y sazone con pimienta. Añada, removiendo, la mitad del parmesano rallado, y vierta la salsa sobre el eglefino. Espolvoréelo con el queso parmesano rallado restante y hornéelo hasta que se dore.
5 Hierva las espinacas en una cacerola mediana 2-3 minutos, hasta que se ablanden. Escúrralas, agregue la mantequilla restante y remueva. Sirva el eglefino con las patatas y las espinacas.

PAQUETITOS HOJALDRADOS DE SALMÓN

Se sirven con una deliciosa salsa de berros.

450 g de filetes de salmón pelados cortados en dados de 1 cm • 1 cucharadita de zumo de limón • 3 trozos de jengibre en conserva picados • 2 cucharadas de grosellas • 90 g de mantequilla • 1 cucharada de hojas de cilantro picadas • 8 cuadrados de hojaldre • 300 ml de crema de leche espesa • 1 puñado grande de berros • 1 cucharada de mostaza en grano • 800 g de frijoles verdes en conserva escurridos • 2 cucharadas de aceite de oliva virgen extra • 1 puñado de perejil picado • Sal y pimienta negra

1 Precaliente el horno a 200 °C.
2 Ponga el salmón en un cuenco. Mézclelo con el zumo de limón, el jengibre, las grosellas y el cilantro y 4 cucharadas de la mantequilla derretida. Salpimiente.
3 Extienda uno de los cuadrados de hojaldre sobre la superficie de trabajo limpia y pincélelo con un poco de la mantequilla derretida restante. Coloque encima un segundo cuadrado. Disponga un cuarto de la mezcla de salmón en el centro del cuadrado de encima y doble los bordes hasta formar un paquetito cuadrado que envuelva el relleno. Repita el proceso para preparar 3 paquetitos más.
4 Coloque los paquetitos en una placa de horno, con el lado de la unión hacia abajo, y pincélelos con un poco de la mantequilla derretida restante. Hornéelos 10 minutos o hasta que el hojaldre se dore.
5 Bata la crema junto con los berros hasta que la preparación esté consistente y homogénea. Añada, removiendo, la mostaza y sazone.
6 Ponga al fuego una cacerola con los frijoles y el aceite, removiendo, hasta que se calienten, y agregue el perejil. Sirva los paquetitos de salmón con los frijoles verdes y la ensalada de berros.

BUÑUELOS DE CANGREJO Y MAÍZ CON SALSA DE MANGO

Esta salsa de mango es una de esas recetas con las que puede experimentar para adaptarla a su paladar y a lo que tenga en la despensa. Un poco de guindilla fresca es ideal.

200 g de maíz dulce • 1 cucharada de harina • 1 huevo batido • 300 g de carne de cangrejo blanca • 1 puñado de perejil picado • 3-4 cucharadas de aceite de oliva • Aceite de girasol en cantidad abundante para freír • 12 obleas de *wonton*
SALSA DE MANGO: 1 cebolla morada pequeña finamente picada • 1 pimiento rojo y amarillo, cortados en dados • 1 aguacate en dados • 1 mango en dados • 4 tomates en dados • El zumo y la ralladura de 2 limas • 1 puñado grande de hojas de cilantro picadas • Sal y pimienta negra recién molida

1 Para preparar la salsa, mezcle todos los ingredientes en un cuenco. Salpimiente y reserve.
2 Para elaborar los buñuelos de cangrejo, ponga el maíz, la harina y el huevo batido en un cuenco y remueva bien. Incorpore, removiendo con cuidado, la carne de cangrejo y el perejil, y salpimiente.
3 Caliente el aceite de oliva en una sartén antiadherente grande a fuego medio. Ponga 4 cucharadas generosas de la masa en la sartén, dejando un espacio entre ellas, y fría de 2-3 minutos, hasta que se doren. Deje escurrir sobre papel de cocina y mantenga caliente. Repita el proceso para 12 buñuelos en total.
4 Caliente en un wok o en una sartén grande aceite de girasol para freír los *wonton*. Cuando esté caliente, fría las obleas durante 30 segundos, hasta que se doren y esponjen, y escúrralas sobre papel de cocina. Sírva a los buñuelos con la salsa.

LUBINA AL HORNO CON PATATAS EN SARTÉN >

Esta receta queda mejor con filetes de una lubina grande, pero si solo encuentra ejemplares pequeños, sirva 2 filetes por persona y utilice una segunda fuente.

6 cucharadas de aceite de oliva • 650 g de patatas firmes, peladas y cortadas en dados • 4 dientes de ajo grandes sin pelar • 4 filetes grandes de lubina • 2 limones cortados en cuartos • 250 g de tirabeques • Sal y pimienta negra recién molida

1 Caliente a fuego fuerte 4 cucharadas del aceite de oliva en una sartén para saltear antiadherente y grande. Añada las patatas con los ajos, remueva hasta que queden cubiertas con el aceite, baje el fuego a medio-bajo y tape. Deje rehogar durante 20 minutos, hasta que se ablanden y se doren, agitando la sartén de vez en cuando para evitar que se peguen. Déjelas escurrir sobre papel de cocina, sálelas y manténgalas calientes.
2 Precaliente el horno a 200 °C.
3 Coloque los filetes de lubina en una fuente de asar y vierta el aceite de oliva restante por encima. Rocíe con el zumo de la mitad de los cuartos de limón y coloque encima el resto de los cuartos. Sazone al gusto y hornéelos durante 10 minutos o hasta que estén cocidos.
4 Cueza los tirabeques al vapor durante 3-4 minutos, hasta que se ablanden. Sirva los filetes de lubina acompañados con los ajos, las patatas y los tirabeques.

< TAJÍN DE PESCADO

Elija un surtido de pescados y mariscos que incluya pescado, chipirones, cigalas, gambas, mejillones y almejas. Los mejillones son esenciales por los deliciosos jugos que desprenden en el caldo.

6 cucharadas de aceite de oliva virgen extra
• 1 pimiento rojo sin semillas y finamente troceado
• Una pizca de azafrán • 1 trozo de 2 cm de jengibre fresco, pelado y rallado • 600 g de tomates muy maduros, sin semillas y finamente troceados • 150 ml de vino blanco seco • 1,5 kg de pescado y marisco variado y preparado según se precise • 1 puñado pequeño de hojas de perejil picadas • 300 g de cuscús • 500 ml de caldo vegetal caliente • 30 g de mantequilla • Sal y pimienta negra recién molida

PARA SERVIR: pan crujiente y ensalada verde

1 Caliente a fuego lento el aceite de oliva en una sartén para saltear honda y grande. Añada el pimiento, el azafrán, el jengibre rallado y los tomates, y saltee durante 10 minutos, removiendo, hasta que el pimiento y los tomates empiecen a deshacerse.
2 Vierta el vino en la sartén, salpimiente e incorpore el marisco y los pescados más grandes. Tape y cueza durante 2 minutos.
3 Agregue los chipirones, si ha decidido utilizarlos, y los pescados pequeños. Continúe cociendo durante 5 minutos más o hasta que empiecen a estar cocidos.
4 Ponga el cuscús en un cuenco y vierta el caldo caliente por encima hasta cubrirlo. Remueva, tape y deje reposar durante 5-6 minutos, hasta que haya absorbido el caldo. Separe los granos con un tenedor y añada, removiendo, la mantequilla.
5 Esparza el perejil picado por encima del tajín y sírvalo acompañado del cuscús, pan crujiente para mojar y una ensalada verde.

PASTELES DE ATÚN CON SALSA DE TOMATES CEREZA Y ALCAPARRAS

La salsa de tomates cereza y alcaparras es el acompañamiento perfecto para estos sencillos pasteles de pescado.

500 g de atún en aceite de oliva • 2 rebanadas de pan blanco sin corteza • 1 huevo poco batido • 150 g de cheddar curado y rallado • 4 cucharadas de aceite de oliva • 300 g de guisantes • Sal y pimienta negra
SALSA DE TOMATE Y ALCAPARRAS:
3 cucharadas de aceite de oliva • 1 cebolla finamente picada • 2 dientes de ajo picados • 400 g de tomatitos en conserva • 2 cucharaditas de azúcar blanquilla
• 1 cucharada de alcaparras escurridas y enjuagadas
• 1 puñado de hojas de albahaca

1 Para la salsa, caliente el aceite de oliva en una cacerola mediana a fuego lento. Fría la cebolla junto con el ajo durante 5 minutos, hasta que se ablanden. Añada los tomates y el azúcar, y salpimiente. Lleve a ebullición, baje el fuego y cueza 10-15 minutos, hasta que la salsa se haya reducido y espesado. Agregue las alcaparras y la albahaca, y cueza 5 minutos más.
2 Ponga el atún con su aceite en un cuenco. Pique el pan hasta obtener migas finas e incorpórelas al cuenco con el atún. Añada, removiendo, el huevo batido y el queso rallado, y salpimiente. Amase la mezcla en forma de 8 pasteles de pescado.
3 Caliente el aceite de oliva en una sartén a fuego medio. Fría los pasteles de atún de 4-5 minutos, hasta que se doren. Escúrralos.
4 Hierva los guisantes 3-4 minutos y escúrralos. Sirva con la salsa de tomate y alcaparras y guisantes.

PASTEL CRUJIENTE DE JUDIONES CON *DIP* DE CHILE Y LIMA

Esta receta es la clase de plato que puede preparar fácilmente con ingredientes que tenga a mano, y tanto los vegetarianos como los no vegetarianos disfrutarán con ella.

800 g de judiones en conserva escurridos • 2 dientes de ajo picados • 5 cucharadas de parmesano rallado • 3 cucharadas de ketchup • 100 g de migas de pan fresco • 3 cucharadas de aceite de oliva • Sal y pimienta negra recién molida
DIP DE CHILE Y LIMA: 6 cucharadas de salsa de chile • El zumo de 1 lima

PARA SERVIR: pan crujiente y ensalada variada

1 Para preparar el *dip*, mezcle la salsa de chile y el zumo de lima en un cuenco pequeño, y reserve.
2 Ponga los judiones en un cuenco grande junto con el ajo, el parmesano rallado, el ketchup y las migas. Reduzca la mezcla a puré, o aplástela con un tenedor si prefiere que los pasteles de judiones tengan una textura un poco más gruesa. Salpimiente. Amase la preparación en forma de pasteles planos pequeños de unos 3 cm de diámetro.
3 Caliente el aceite de oliva en una sartén grande a fuego medio. Fría los pasteles de judiones de 2-3 minutos por cada lado, hasta que se doren y queden crujientes (puede que tenga que freírlos en 2 tandas). Déjelos escurrir sobre papel de cocina y manténgalos calientes.
4 Sírvalos con unas rebanadas de pan crujiente y una ensalada variada.

CHAMPIÑONES CREMOSOS CON POLENTA

Cualquier seta carnosa sirve para preparar esta receta. También sale bien con setas silvestres.

3 cucharadas de aceite de oliva • 4 escalonias finamente picadas • 2 dientes de ajo picados • 1 kg de champiñones enteros • 100 ml de vino de Marsala o de jerez dulce • 200 ml de crema de leche espesa • 2 cucharadas de mostaza en grano • 1 puñado pequeño de hojas de estragón finamente picadas • 450 g de brécol • Sal y pimienta negra recién molida
POLENTA: 1 litro de caldo vegetal • 250 g de polenta instantánea • 100 g de parmesano rallado • 2 cucharaditas de granos de pimienta negra picados • 30 g de mantequilla ablandada

1 Para la polenta, hierva el caldo en una cacerola mediana. Vaya vertiendo la polenta y removiendo con una batidora de varillas. Lleve a ebullición, baje el fuego y deje cocer a fuego lento 6-8 minutos.
2 Con una cuchara de madera, añada el parmesano rallado, los granos de pimienta y la mantequilla ablandada. Pruebe la polenta y sale, si fuera necesario. Manténgala caliente.
3 Caliente el aceite de oliva en una cacerola grande a fuego medio. Fría las escalonias con el ajo 2 minutos o hasta que se ablanden. Añada los champiñones y saltee 2 minutos más, removiendo a menudo. Vierta el vino y cueza hasta que se haya reducido. Baje un poco el fuego e incorpore, removiendo, la crema, la mostaza y el estragón picado, y cueza hasta que se hayan calentado. Sazone al gusto.
4 Cueza el brécol al vapor 5 minutos hasta que se ablande. Sirva la polenta con los champiñones colocados encima y acompañada del brécol.

TARTA *TATIN* DE TOMATES

Para esta tarta veraniega, es importante que el horno esté muy caliente con el fin de que el hojaldre se cueza bien, se esponje y se dore. Sugiero servirla acompañada de una ensalada de rúcula con virutas de parmesano, pero también podría servir la tarta con piñones tostados esparcidos por encima.

450 g de patatas nuevas • 15 g de mantequilla • 600 g de tomates cereza cortados • 3 cucharadas de aceite de oliva • ½ cucharadita de azúcar blanquilla • 1 cucharada de hojas de tomillo • 250 g de pasta de hojaldre extendida • Sal y pimienta negra

PARA SERVIR: ensalada de rúcula con virutas de parmesano

1 Precaliente el horno a 220 °C.
2 Cueza las patatas en una cacerola grande con agua hirviendo con sal unos 15-20 minutos o hasta que se ablanden. Escúrralas, póngalas en la cacerola, añada la mantequilla, y remueva.
3 Disponga los tomates, con la superficie cortada hacia arriba, en la base de un molde para tarta *tatin* o un molde redondo para pastel de 20 cm y 4 cm de profundidad. Rocíe los tomates, esparza por encima el tomillo, espolvoréelos con el azúcar y salpimiéntelos. Hornee durante 5 minutos o hasta que empiecen a ablandarse.
4 Recorte la pasta de hojaldre para ajustarla al molde, dejando 2 cm de margen. Extienda la pasta con cuidado sobre los tomates y doble la sobrante hacia dentro para hacer un borde. Hornee la tarta durante 15 minutos o hasta que la pasta suba y se dore.
5 Retire el molde del horno y dele la vuelta con cuidado encima de un plato. Sirva la tarta caliente con las patatas y una ensalada de rúcula con virutas de parmesano.

STRUDEL DE TOMATES, RICOTTA Y ESPINACAS

Combinación clásica de queso ricotta y espinacas, deliciosa envuelta en un hojaldre ligero y crujiente.

2 cucharadas de aceite de oliva • 1 diente de ajo picado • 1 cebolla grande picada • 500 g de tomates cortados por la mitad y sin semillas • 450 g de hojas tiernas de espinaca lavadas • 250 g de ricotta • 4 láminas de pasta de *filo* de unos 25 x 30 cm • 40 g de mantequilla derretida • Sal y pimienta negra

PARA SERVIR: ensalada de berros

1 Precaliente el horno a 220 °C.
2 Caliente el aceite de oliva en una cacerola grande a fuego medio. Fría la cebolla con el ajo durante 3 minutos, hasta que se ablanden. Añada los tomates y saltee hasta que empiecen a deshacerse.
3 Ponga las espinacas en una cacerola con el agua que haya quedado en las hojas tras lavarlas. Cuézalas a fuego lento 2 minutos, hasta que se ablanden. Escúrralas y trocéelas. Agregué a la mezcla de tomate y la ricotta. Salpimiente y mezcle bien.
4 Extienda una lámina de *filo* sobre la superficie de trabajo limpia y pincélela con un poco de la mantequilla derretida. Coloque otra encima y pincélela con la mantequilla. Repita el proceso con el resto de láminas, pincelando cada capa con mantequilla. Disponga el relleno de espinacas a lo largo del centro y doble los extremos y los lados hasta formar un paquetito rectangular.
5 Coloque el paquetito en una placa de horno, con el lado de la unión hacia abajo. Pincélelo con la mantequilla derretida, y hornéelo 15 minutos, hasta que se dore y quede crujiente. Sirva el *Strudel* con una ensalada de berros.

RISOTTO DE GUISANTES, ROMERO Y MASCARPONE

Este cremoso *risotto* con guisantes, romero y mascarpone constituye un plato irresistible. Para los no vegetarianos, un poco de panceta crujiente desmenuzada esparcida por encima antes de servir añade un toque delicioso.

3 cucharadas de aceite de oliva • 1 cebolla finamente picada • 1 cucharada de romero fresco picado • 225 g de arroz para *risotto* • 300 ml de vino blanco seco • 750 ml de caldo vegetal caliente • 55 g de parmesano finamente rallado • 250 g de guisantes congelados • 5 cucharadas de queso mascarpone • Sal y pimienta negra

PARA SERVIR: ensalada de espinacas, rúcula y berros

1 Caliente el aceite de oliva en una cacerola a fuego lento. Fría la cebolla con romero picado 2-3 minutos, hasta que se ablande, pero sin que se dore. Agregue el arroz y remueva 2-3 minutos, hasta que quede cubierto por el aceite y brille. Incorpore removiendo, el vino y deje hervir 30 segundos.

2 Caliente el caldo vegetal y manténgalo caliente a fuego lento. Añada un cucharón de caldo al arroz en la cacerola y cuézalo a fuego medio-bajo durante 2-3 minutos, removiendo, hasta que haya absorbido el caldo. Continúe agregando el caldo, un poco cada vez, hasta que el arroz lo absorba y se ablande pero siga *al dente*. Este proceso llevará unos 20-25 minutos. Unos 5 minutos antes de que el arroz esté cocido, incorpore, removiendo, los guisantes y cueza hasta que estén calientes.

3 Agregue, sin dejar de remover, el parmesano rallado y salpimiente. Incorpore con cuidado el queso mascarpone. Sirva el *risotto* acompañado de una ensalada de espinacas, berros y rúcula.

RISOTTO DE FLORES DE CALABACÍN >

Es una lástima que las flores de calabacín aparezcan tan poco en los mercados y las tiendas, porque son deliciosas fritas en un rebozado ligero y crujiente o como parte de un *risotto* cremoso. Tenga cuidado con el azafrán, ya que demasiada cantidad anularía el delicado sabor de las flores.

3 cucharadas de aceite de oliva • 1 cebolla finamente picada • Una pizca de azafrán • 225 g de arroz para *risotto* • 300 ml de vino blanco seco • 750 ml de caldo vegetal caliente • 55 g de parmesano rallado • 5 cucharadas de queso mascarpone • 2 puñados de flores de calabacín • Sal y pimienta negra

PARA SERVIR: ensalada de calabacín, hierbas y flores

1 Caliente el aceite de oliva en una cacerola amplia a fuego lento. Fría la cebolla con el azafrán durante 2-3 minutos, hasta que la cebolla se ablande pero sin dorarse. Agregue el arroz y remueva durante 2-3 minutos, hasta que quede cubierto por el aceite y brille. Incorpore, removiendo, el vino y deje hervir durante 30 segundos.

2 Caliente el caldo vegetal y manténgalo caliente a fuego lento. Añada un cucharón de caldo al arroz y cueza a fuego medio-bajo durante 2-3 minutos, sin dejar de remover, hasta que el arroz haya absorbido el caldo. Continúe agregando el caldo, un poco cada vez, hasta que el arroz lo absorba y se ablande pero siga *al dente*. Este proceso llevará unos 20-25 minutos.

3 Agregue, sin dejar de remover, el parmesano rallado y salpimiente. Incorpore con cuidado las flores de calabacín y el mascarpone. Sirva el *risotto* con una ensalada de calabacín, hierbas y flores de calabacín.

CURRY DE VERDURAS CON ARROZ CON COCO

Puede servir este curry con coco, *poppadoms* y *chutney* de mango.

2 cucharadas de aceite de oliva • 1 cebolla picada • 2 dientes de ajo picados • 1 cucharada de pasta de curry • 2 zanahorias picadas • 2 chirivías picadas • 2 patatas cortadas en dados • 2 calabacines picados • 1 puñado de ramitos de coliflor pequeños • 300 ml de caldo vegetal • 250 g de arroz basmati • 400 ml de leche de coco en conserva • 1 puñado de pasas sultanas • 2 cucharadas de *chutney* de mango • 1 puñado de almendras tostadas fileteadas • Sal y pimienta negra

1 Caliente el aceite de oliva en una cacerola amplia a fuego medio. Fría la cebolla y el ajo durante 2 minutos. Añada, removiendo, la pasta de curry. Incorpore las verduras y vierta el caldo. Lleve a ebullición, baje el fuego, tape y deje cocer a fuego lento durante 15-20 minutos .
2 Ponga el arroz en una cacerola mediana con la leche de coco y 200 ml de agua. Lleve a ebullición, baje el fuego, tape, y cueza a fuego lento 15 minutos, hasta que el arroz esté cocido y haya absorbido el agua. Deje reposar el arroz, tapado, hasta el momento de servir.
3 Cuele las verduras, reservando el caldo. Ponga dos tercios de las verduras en la cacerola.Reduzca a puré el resto, añadiendo la cantidad suficiente de caldo para que adquiera la consistencia de una salsa.
4 Incorpore con cuidado el puré de verduras, las pasas y el *chutney* de mango al curry. Salpimiente y vuelva a calentar a fuego suave. Sirva el curry con las almendras fileteadas esparcidas por encima y acompañe con el arroz con coco.

SOPA DE CHIRIVÍA AL CURRY

Las batidoras de mano son unos utensilios prácticos para reducir las sopas a puré y, por supuesto, son más fáciles de limpiar que una batidora. Ajuste la cantidad de pasta de curry en esta sopa para adaptarla a su paladar.

4 cucharadas de aceite de oliva • 1 cebolla picada • 2 cucharaditas de pasta de curry suave, o al gusto • 680 g de chirivías cortadas en trozos grandes • 1½ litros de caldo vegetal • 400 g de garbanzos en conserva escurridos • 150 ml de crema de leche espesa • 1 puñado de perejil picado • Sal y pimienta negra

PARA SERVIR: pan crujiente y queso de cabra

1 Caliente 3 cucharadas del aceite de oliva en una cacerola grande a fuego medio. Fría la cebolla durante 2-3 minutos, hasta que se ablande. Añada, removiendo, la pasta de curry, incorpore las chirivías y cueza durante 2-3 minutos más.
2 Vierta el caldo en la cacerola. Lleve a ebullición, baje el fuego y deje cocer a fuego lento durante 20 minutos o hasta que las chirivías se ablanden.
3 Caliente a fuego medio el aceite de oliva restante en una sartén antiadherente y grande. Fría los garbanzos, agitando la sartén de vez en cuando, durante 8-10 minutos, hasta que se doren y estén ligeramente crujientes. Resérvelos hasta el momento de servir.
4 Con una batidora de mano, reduzca la sopa a puré hasta que adquiera una consistencia lisa y homogénea. Agregue, removiendo, la crema con el perejil picado, salpimiente y vuelva a poner la cacerola en el fuego hasta que se haya calentado. Para servir, esparza los garbanzos sobre cada cuenco de sopa y acompañe con rebanadas de pan crujiente y queso de cabra.

LENTEJAS ROJAS ESPECIADAS

La crema de coco aporta una deliciosa cremosidad a este sencillo plato de lentejas. Puede utilizar leche de coco en polvo, pero prepárela más espesa de lo indicado en el envase, ya que deberá tener la misma consistencia que la crema de coco.

1 cucharada de semillas de comino • 1 cucharada de semillas de cilantro • 2 cucharaditas de jengibre molido • 2 cucharadas de aceite de oliva • 1 cebolla picada • 2 zanahorias troceadas • 1 boniato pequeño pelado y troceado • 400 g de lentejas rojas secas • 400 g de tomates cereza en conserva escurridos • 900 ml de caldo vegetal • 1 cucharadita de azúcar moreno de caña oscuro • 5 cucharadas de crema de coco • 1 puñado de hojas de perejil picadas • Sal y pimienta negra

PARA SERVIR: *naan*

1 Ponga las especias en una cacerola grande sin aceite a fuego medio y tuéstelas durante 1-2 minutos, removiendo, hasta que desprendan su aroma.
2 Vierta el aceite de oliva en la cacerola y añada la cebolla. Fríala durante 2 minutos, removiendo, hasta que se ablande ligeramente, e incorpore las zanahorias, los boniatos, las lentejas rojas y los tomates cereza.
3 Vierta el caldo en la cacerola, agregue el azúcar y salpimiente. Lleve a ebullición, baje el fuego y deje cocer a fuego lento durante 20 minutos, hasta que las verduras y las lentejas se ablanden.
4 Incorpore, removiendo, la crema de coco con el perejil picado y cueza otro minuto. Sirva las lentejas acompañadas con unos panes *naan*.

GUISO DE PATATAS, ACELGAS Y JUDÍAS VERDES

Esta receta, deliciosamente simple, constituye un magnífico plato principal. Los no vegetarianos pueden esparcir por encima unas lonchas de panceta crujiente, aunque es delicioso tal cual.

5 cucharadas de aceite de oliva • 1 diente de ajo cortado en láminas • 1 cebolla picada • 800 g de patatas peladas y cortadas en dados • 600 g de judías verdes preparadas y cortadas en trozos de 2,5 cm • 1 kg de acelgas limpias y troceadas • 8 rebanadas de pan chapata de aceitunas • 150 g de queso de cabra blando • Sal y pimienta negra

1 Caliente a fuego medio 3 cucharadas del aceite de oliva en una salteadora honda y antiadherente. Fría la cebolla y el ajo durante 2 minutos, y añada las patatas, las judías verdes y las acelgas junto con 125 ml de agua. Salpimiente.
2 Lleve a ebullición, baje el fuego, tape y deje cocer a fuego lento durante 20 minutos, hasta que las verduras se ablanden y el agua se haya absorbido.
3 Precaliente el grill del horno a temperatura alta. Ponga las rebanadas de chapata de olivas bajo el grill por cada lado hasta que se tuesten ligeramente. Rocíe las tostadas con el aceite restante, coloque encima de cada una de ellas una cucharada de queso de cabra y salpimiente. Sirva el guiso de verduras con las tostas de queso de cabra.

TARTA HOJALDRADA DE ALCACHOFAS, PIÑONES Y PARMESANO

Con el hojaldre se pueden hacer estupendas tartas, pero se tarda una eternidad en prepararlo. Por suerte, es fácil encontrar pasta de hojaldre congelada o refrigerada, que resulta muy práctica. Elija la que lleva mantequilla, que sea de calidad.

450 g de patatas nuevas pequeñas • 30 g de mantequilla • 250 g de pasta de hojaldre extendida • 300 g de alcachofas en conserva escurridas • 250 g de queso mascarpone • 4 huevos • 150 g de parmesano rallado • 1 cucharada de piñones tostados • Sal y pimienta negra

PARA SERVIR: ensalada variada

1 Precaliente el horno a 220 °C.
2 Ponga las patatas en una cacerola grande y añada el agua suficiente para cubrirlas. Sale, añada la mantequilla y tape. Cueza durante 20-25 minutos a fuego medio, removiendo para evitar que se peguen.
3 Forre un molde para tarta antiadherente de 23 cm con la pasta de hojaldre. Disponga las alcachofas de manera uniforme sobre la base del hojaldre. Bata los huevos con el mascarpone hasta que adquiera una consistencia homogénea. Agregue, sin dejar de remover, el parmesano rallado y salpimiente.
4 Vierta la mezcla en el molde forrado de hojaldre y esparza los piñones por encima. Hornee durante 20 minutos o hasta que la tarta se hinche y se dore. Sirva la tarta hojaldrada con las patatas y una ensalada variada.

TIMBAL DE BERENJENAS, TOMATES Y MOZZARELLA >

Este plato es delicioso si se prepara con tofu sedoso en lugar de con mozzarella, lo que lo convierte en un plato estupendo para los veganos o para los que tienen intolerancia a la lactosa.

2 berenjenas pequeñas, cortadas en 8 rodajas largas • 6 cucharadas de aceite de oliva • 8 tomates sin semillas y troceados • 1 guindilla seca desmenuzada • 250 g de mozzarella en dados • 100 g de nueces picadas • 1 puñado pequeño de hojas de perejil picadas • Sal y pimienta negra

PARA SERVIR: chapata y ensalada de berros

1 Precaliente el horno a 220 °C.
2 Caliente una plancha a fuego fuerte. Pincele las lonchas de berenjena con dos tercios del aceite de oliva y hágalas a la parrilla durante 5 minutos, dándoles la vuelta una vez, hasta que se chamusquen un poco (puede que tenga que hacerlo en 2 tandas).
3 Caliente a fuego medio el aceite de oliva restante en una sartén antiadherente grande. Añada los tomates y la guindilla desmenuzada, salpimiente y fríalos durante 2-3 minutos, hasta que se ablanden.
4 Disponga la mitad de las lonchas de berenjena en una fuente de horno y vierta la mitad de la mezcla de tomate por encima. Esparza la mozzarella y coloque una segunda capa de berenjena para crear un efecto «bocadillo».
5 Vierta la preparación de tomate restante, esparza las nueces picadas y espolvoree con el perejil picado. Hornee el timbal durante 6-8 minutos, hasta que se haya calentado y la mozzarella empiece a derretirse. Sírvalo acompañado con chapata y una ensalada de berros.

ÍNDICE